SEIZIÈME QUARTIER.

LA PLACE MAUBERT.

RECHERCHES

CRITIQUES,

HISTORIQUES ET TOPOGRAPHIQUES

SUR

LA VILLE DE PARIS,

DEPUIS SES COMMENCEMENTS CONNUS
JUSQU'A PRÉSENT;

Avec le PLAN de chaque Quartier:

Par le Sr JAILLOT, Géographe Ordinaire du Roi.
de l'Académie Royale des Sciences et Belles Lettres d'Angers.
Quid verum... curo & rogo, & omnis in hoc sum. *Horat. Libr. I. Epist. I.*

A PARIS,

Chez l'Auteur Quai et a côté
des grands Augustins.
et
Chez Aug. Mart. LOTTIN ainé, Imprimeur-Libraire
ruë St Jacques, au Cocq.

M. DCC. LXXIIII.

Avec Approbation, et Privilège du Roi.

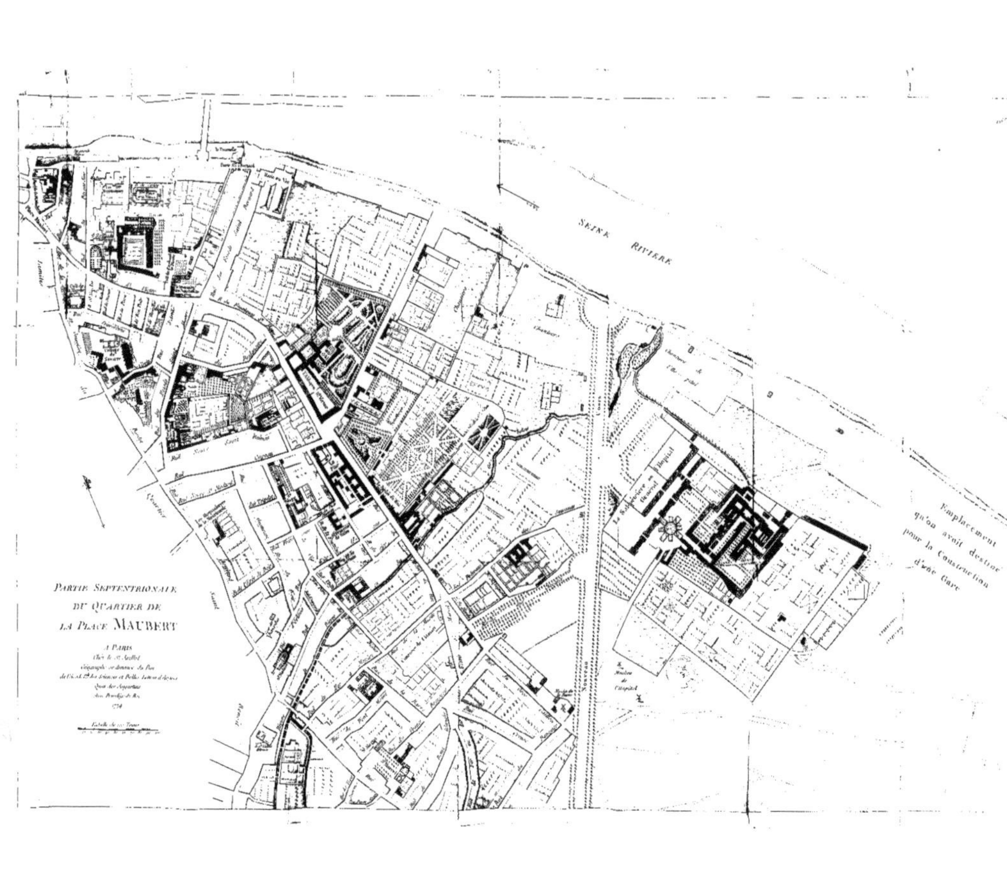
SEINE RIVIERE
PARTIE SEPTENTRIONALE
DU QUARTIER DE
LA PLACE MAUBERT
A PARIS
Emplacement qu'on avoit destiné pour la Construction d'une Gare

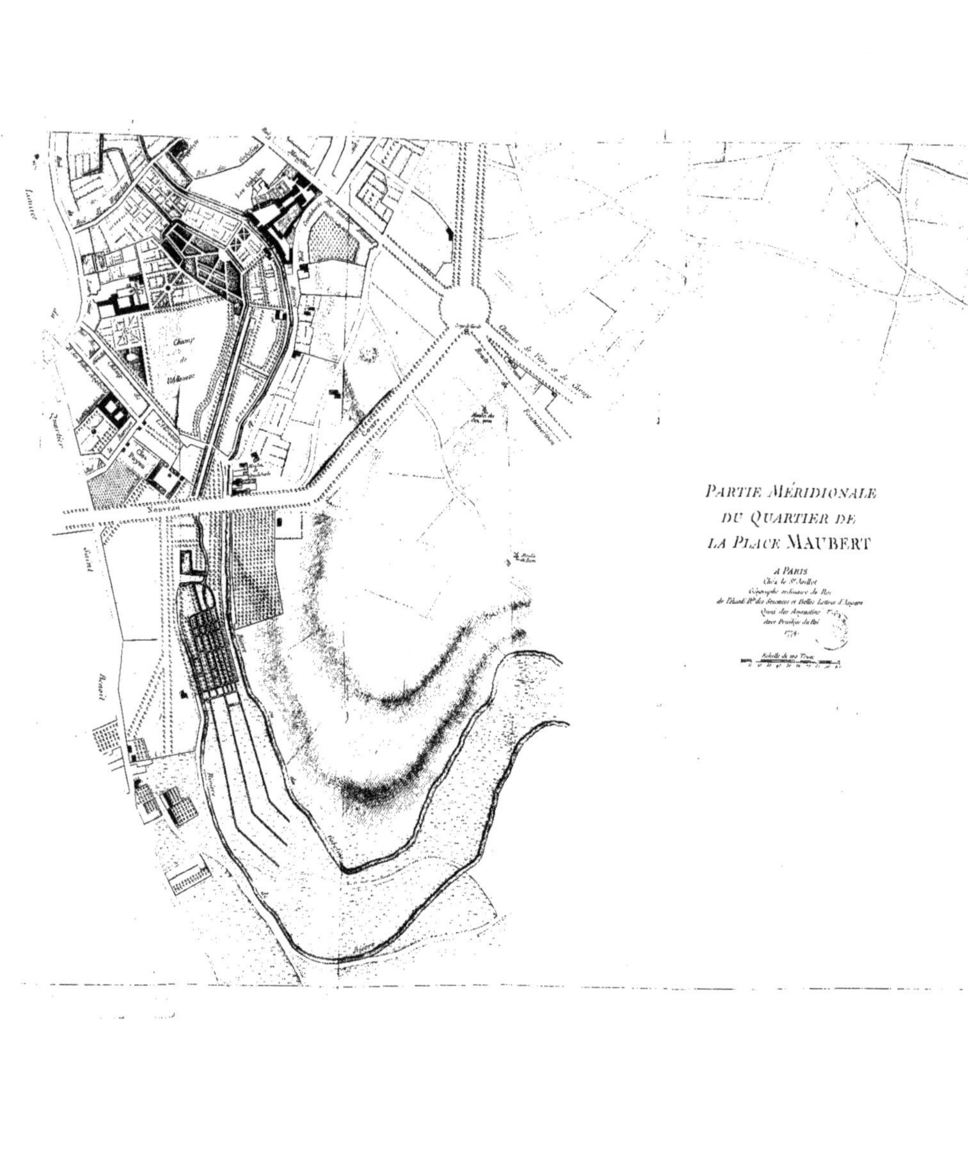

PARTIE MÉRIDIONALE
DU QUARTIER DE
LA PLACE MAUBERT
A PARIS
Chés le Sr Aveline
Géographe ordinaire du Roi
de l'Acad. Rle des Sciences et Belles Lettres d'Angers
Quai des Augustins
Avec Privilège du Roi
1774
Echelle de 100 Toises

RECHERCHES

CRITIQUES,

HISTORIQUES ET TOPOGRAPHIQUES

SUR LA VILLE DE PARIS.

XVI. QUARTIER.

LA PLACE MAUBERT.

CE QUARTIER eſt borné à l'orient par les extrémités des fauxbourgs S. Victor & S. Marcel incluſivement ; au ſeptentrion, par les quais de la Tournelle & de S. Bernard incluſivement ; à l'occident, par la rue du Pavé de la Place Maubert, le Marché de ladite Place, la rue de la Montagne Ste Géneviève, & par les rues Bordet, Moufetard & de Lourcine incluſivement ; & au midi, par les extrémités du fauxbourg S. Marcel incluſivement.

On y compte ſoixante-dix rues, trois cul-de-ſacs, cinq Paroiſſes, une Abbaye, un Chapitre, dix Colléges, dont ſept ſans exercice, deux

A ij

Couvents d'Hommes, quatre de Filles, trois Communautés d'Hommes, trois de Filles, quatre Hôpitaux, quatre Séminaires, deux Portes, deux Quais, &c.

RUE ou PLACE DU CHAMP D'ALBIAC. Elle aboutit d'un côté à la rue du Noir, & de l'autre à celle de l'Epée de Bois : son nom est dû au sieur d'Albiac, Conseiller à l'Election, qui avoit acquis en cet endroit un terrein assez considérable. Il occupoit la plus grande partie de celui qui est compris aujourd'hui entre les rues du Battoir, d'Orléans, Gratieuse & Coupeaux. Le Commissaire la Marre (*a*) dit que ce lieu étoit anciennement appelé *Clos du Chardonnet* (c'est le second marqué sur son troisiéme Plan), & que toutes les rues qu'on y voit étoient bâties en 1540. Cette assertion me paroît hasardée ; car le Censier de Ste Géneviève de cette année (*b*) indique *les héritiers de Mre Acasse d'Albiac pour* 14 *arpens baillés à faire maisons* ; & le Plan publié par Dheulland, quoique postérieur à cette époque, ne marque ni rues ni maisons en cet endroit : mais il faut convenir qu'en 1554 cette rue étoit habitée, & même par des personnes dont la conduite étoit si scandaleuse, qu'elle excita les plaintes du Public, & la sévérité des Magistrats (*c*).

RUE DU CHAMP DE L'ALLOUETTE. Elle aboutit d'un côté à la rue de Lourcine, & de l'autre à la rivière de Biévre & au Moulin de Croulebarbe : elle doit son nom à un champ fort vaste,

(*a*) Tr. de la Police, t. 1, pag. 79.
(*b*) Censier de 1540, fol. 97.
(*c*) Hist. de Paris, tom. 4, pag. 766 & 767.

ainſi nommé, ſur lequel elle a été ouverte. Il paroît qu'on l'appela d'abord rue *S. Louis* : les noms de rue *du Chant* & *du Chant de la Loüet* qu'on lit ſur quelques Plans, ſont des fautes de Graveur.

RUE DES FILLES ANGLOISES. Elle traverſe de la rue de Lourcine dans celle de la Barrière. On l'a nommée ainſi, parce qu'elle régne le long du Monaſtère dont je vais parler.

+ LES RELIGIEUSES ANGLOISES. Elles ſuivent la Règle de S. Benoît. Des motifs de Religion les obligèrent de quitter leur patrie & de ſe réfugier en France. On leur donna une Maiſon à Cambrai, en 1623. Les facilités que les Bénédictins Anglois, également forcés d'y chercher un aſyle, en 1618, avoient trouvées pour former un établiſſement à Paris, firent concevoir à ces Religieuſes les mêmes eſpérances. Elles ne furent point trompées : on leur procura une Maiſon au fauxbourg S. Germain, en 1652. Peu de temps après on les transféra au fauxbourg S. Jacques. Quelques perſonnes charitables leur achetèrent, au champ de l'Allouette, un terrein & une maiſon propre pour conſtruire un Monaſtère, où elles entrèrent en 1664, & non en 1620, comme le dit Sauval (*ç*). Leur établiſſement, que M. le Cardinal de Retz avoit autoriſé dès l'an 1656, a été depuis confirmé par des Lettres-Patentes, en 1674 & en 1676, enregiſtrées le 4 Septembre 1681. Leur Egliſe eſt ſous le titre de N. D. de bonne Eſpérance. Une des conditions de la fondation de ces Religieuſes eſt de prier ſpécialement pour le rétabliſſement

---

(*ç*) Tom. 1, pag. 652.

de la Religion Romaine en Angleterre, & pour la converſion de ceux qui ne la profeſſent pas.

RUE D'ARRAS. Elle aboutit d'un côté à la rue S. Victor, & de l'autre à la rue Clopin. On la trouve mal-à-propos nommée *des Rats* dans quelques Nomenclatures. Anciennement on l'appeloit rue *des Murs, vicus Murorum*, & ce nom lui avoit été donné parce qu'elle régnoit le long des murs de l'enceinte que Philippe-Auguſte avoit fait faire. Au commencement du XVIᵉ ſiécle on la nommoit rue *du Champ Gaillard*, à cauſe qu'elle aboutiſſoit à une place ou terrein qui portoit ce nom : il lui avoit vraiſemblablement été donné par rapport aux débauches qui s'y commettoient, & dont il eſt fait mention dans un Arrêt du Parlement du 4 Décembre 1555. On a ſubſtitué à ces noms celui d'Arras, à cauſe du Collége dont je vais parler.

LE COLLÉGE D'ARRAS. Il doit ſon établiſſement à Nicolas le Caudrelier (*aliàs* le Cauderlier & le Candelier), Abbé de S. Vaaſt d'Arras. Tous nos Hiſtoriens en placent la fondation en 1332 : ils n'ont eu, pour fixer cette époque, qu'une Délibération Capitulaire de l'Abbaye de S. Vaaſt, du 28 Novembre de cette année; mais ils n'ont pas fait attention que cet Acte même prouve que cet établiſſement étoit déja formé, puiſqu'il énonce, au nombre des biens de ce Collége, une Maiſon ſiſe à Paris, rue *des Murs*, acquiſe pour l'uſage & l'entretien des pauvres Ecoliers du Diocèſe d'Arras, qui demeuroient & étudioient dans cette Maiſon : *Domus ſita Pariſiis, in vico Murorum, pro uſu & ſubſtentatione pauperum Scholarium oriundorum de civitate vel Diœceſi Atrebatenſi,*

Parisiis in domo prædictæ commorantium & studentium (d). Je n'ai pu découvrir ni l'Acte primitif, ni la date de cette fondation ; mais il eſt aiſé de voir, par les termes que je viens de rapporter, qu'elle eſt antérieure à l'an 1332. J'en trouve encore une preuve déciſive dans l'Acte de fondation du Collége de Marmoutier, du 28 Janvier 1328 (e): il nous apprend qu'il étoit contigu à la rue de *la Charrière* (Chartière) & *aux Jardins des Ecoliers d'Arras.* Nicolas le Caudrelier étoit Exécuteur - Teſtamentaire de pluſieurs perſonnes qui l'avoient chargé de legs pieux ; il ne crut pas pouvoir les employer plus utilement, qu'en procurant à quelques pauvres Ecoliers du Dioceſe d'Arras les moyens de s'inſtruire : il joignit aux ſommes dont il étoit dépoſitaire, le fruit de ſes épargnes ; il établit ainſi ſon Collège, acheta des terres pour la ſubſiſtance des Ecoliers, & les plaça plus commodément dans une maiſon qu'il leur acheta, rue des Murs. Je n'ai rien trouvé qui puiſſe faire préſumer que, dans cette acquiſition, cet Abbé ait eu en vue de ſe procurer un domicile à Paris, ſoit pour lui & ſes ſucceſſeurs, ſoit pour ſes Religieux ; mais il étoit naturel qu'il en confiât la Principalité à l'un d'entr'eux, ce qui a ſubſiſté juſqu'à la réunion de ce Collége à celui de l'Univerſité.

RUE DU BANQUIER. Elle conduit de la rue Mouſetard à celle du Gros-Caillou, vis-à-vis la Tour ou Moulin de la Barre. Au milieu du ſiécle paſſé ce n'étoit qu'un chemin, qui conduiſoit à celui de Villejui ; mais, dès 1676, il portoit le

---

(d) Du Breul, pag. 689.— | (e) Hiſt. de Paris, tom. 3, Hiſt. univ. tom. 4, pag. 239. | pag. 391.

nom de rue du Banquier. Je n'ai pu découvrir à quelle occasion, ou pour quelle raison, on le lui a donné.

RUE DE LA BARRE. E'le traverse de la rue du Fer-à-Moulin dans celle des Francs Bourgeois ; son nom est dû à une Barrière placée à l'endroit où l'on avoit ci-devant construit une des Portes du Bourg & du Cloître S. Marcel, au bout de la rue des Francs-Bourgeois ; elle le portoit en 1540. Dheulland l'a marquée sur son Plan. On l'a quelquefois appelée depuis rue *de Scipion*, à cause de l'Hôtel que Scipion Sardini avoit fait bâtir dans cette rue, & dont l'Hôpital général a fait depuis l'acquisition. Cette Maison est aujourd'hui sous le titre de Ste Marthe : la Boulangerie & la Boucherie de l'Hôpital y sont établies, & l'on en tire tous les jours la quantité de pain, de viande & de chandelle nécessaire pour les pauvres & pour les personnes qui, par leur état ou par leurs fonctions, y sont attachées.

RUE DE LA BARRIÈRE. Elle aboutit d'un côté au Champ de l'Allouette, & de l'autre au chemin de Gentilli. Ce nom, qu'elle portoit dès 1636, lui avoit été donné à cause de la Barrière qu'on y a placée. Auparavant on la nommoit rue *Payen*, à cause d'une maison & d'un grand clos appartenant au sieur Payen, dont il conserve encore le nom.

RUE DU BATTOIR. Elle commence à la rue Coupeaux, & finit à celle d'Orléans. C'est à l'ignorance des Graveurs qu'il faut attribuer les noms du *Batoit* & du *Batoy* qu'on lit sur quelques Plans ; c'est aussi par erreur qu'on la prolonge jusqu'à la rue Censier, puisque la partie

qui y touche eft défignée fous le nom *du Gril.*
Le Plan de M. Robert eft très-défectueux en cet
endroit, où toutes les petites rues de traverfe
font mal placées ou confondues : il s'eft également trompé en lui donnant le nom de *vieille
Notre-Dame* depuis la rue d'Orléans jufqu'à la rue
Cenfier, celle-ci étant percée plus bas.

Ce fut vers la fin du régne de François I, que
le clos du Chardonnet fut couvert de maifons,
& qu'on perça les rues que nous y voyons.
L'Abbé & les Religieux de Ste Génevieve donnèrent une grande partie de ce clos, en fief, à
MM. d'Albiac & d'Ablon ; celui-ci fit, en 1540,
ouvrir des rues & conftruire vingt-quatre maifons, & donna le refte, à cens, à divers particuliers. Ce territoire fut appelé *la Villeneuve S.
René*, à caufe de M. René d'Ablon ; on lui donna
même le nom de Bourg, dans lequel le fief
d'Albiac fe trouvoit enclavé. Tout ce terrein comprenoit l'efpace borné par les rues du Jardin du
Roi, d'Orléans, Moufetard & Coupeaux. En
1588, le chemin du Battoir fe nommoit rue *neuve
S. René*, & en 1603 rue *du Battoir.* Ce nom étoit
dû à l'enfeigne de la maifon de Barthélemi du
Breuil. On l'a fouvent confondue avec les rues
Gracieufe & Françoife, dont je parlerai ci-après.

RUE DES BERNARDINS. Elle aboutit d'un côté
à la rue S. Victor, & de l'autre au quai ou rue
de la Tournelle. Sauval (*f*) dit qu'en 1246 elle
s'appeloit rue *S. Bernard*, à caufe du Collége des
Religieux de Citeaux qui étoient venus s'y établir. Je fais que leur Collége portoit ce nom en

---

(*f*) Tom. 1, pag. 116.

1246 ; mais je n'ai point trouvé d'Actes dans lesquels il soit donné à la rue, qui ne fut commencée qu'en cette année (*g*). On peut voir dans les Lettres de Guillaume d'Auvergne, Evêque de Paris, du mois d'Avril 1243 (*h*), qu'elle n'étoit pas encore ouverte ; & que, comme il étoit néceffaire d'en percèr une depuis S. Nicolas du Chardonnet jufqu'à la Rivière, il confentit qu'on la fît paffer au milieu du Cimetière. Guillot & le Rôle de 1313 ne font point mention de la rue des Bernardins ; ils n'indiquent que celle de S. Nicolas du Chardonnet, dont celle-ci fait la continuation. Elle eft énoncée fous ces deux noms dans le Compte des Confifcations en 1427 (*i*).

LES BERNARDINS. On ne peut douter que dans un temps où la célébrité de l'Univerfité de Paris attiroit dans cette Ville des Etudiants de toutes les nations & de tous les Ordres, celui de Citeaux n'eût à Paris une maifon pour l'Abbé, ou pour les Religieux que le defir de s'inftruire ou des affaires particulières engageoient à s'y rendre. Le célèbre S. Bernard y eft venu plus d'une fois, vraifemblablement accompagné de quelques-uns de fes Difciples. Le P. Ange Manrique, qui nous a donné les Annales de Citeaux, dit (*k*) qu'en 1165 il y avoit à Paris une Abbaye de cet Ordre ; mais on ne fait ni où elle étoit fituée, ni ce qu'elle eft devenue ; il avance auffi (*l*) que ces Religieux demeuroient à l'Hôtel des Comtes

---

(*g*) Sauval, t. 2, p. 385.
(*h*) Hift. Eccl. Parif. tom. 2, p. 327.

(*i*) Sauval, t. 3, p. 315.
(*k*) Tom. 2, cap. 4, p. 416
(*l*) Tom. 1, p. 510.

de Champagne , fitué au même lieu qu'ils occupent aujourd'hui. Mais en quelle année fut établi le Monaftère que nous y voyons maintenant ? Dom Félibien & quelques Modernes (*m*) en fixent l'époque en 1244 & 1246. Corrozet & Sauval (*n*) difent que Benoît XII fonda l'Eglife & le Collége des Bernardins en 1336. L'Abbé Lebeuf (*o*) a penfé que ce fut en leur faveur que Guillaume III, Evêque de Paris , fit conftruire , en 1230 , dans le clos du Chardonnet , une Chapelle de S. Bernard : l'Acte fur lequel il fe fonde pour juftifier fon opinion , me paroît la détruire , fi l'on fait attention à ce qui fut exécuté en conféquence. Malgré le refpect que j'ai pour la mémoire & pour les lumières de ce favant Académicien , je crois qu'on me permettra de dire qu'il n'a jugé que *fur l'étiquette du fac* ; fon fentiment n'eft appuyé , comme il en convient lui-même , que fur la note infcrite au revers des Lettres de Guillaume III , elle eft conçue en ces termes : *Litteræ conceffionis cujufdam peciæ terræ , fuper fundatione Capellæ fancti Bernardi in Cardoneto.* Je me réferve à parler de cet Acte à l'article de S. Nicolas du Chardonnet , & à prouver qu'il concerne cette Eglife , & non la Maifon des Bernardins. Enfin les Annales de Cîteaux (*p*) fixent l'époque du Collége des Bernardins , à Paris , à l'an 1225. On y lit qu'Etienne , Anglois de nation , qui d'Abbé de Savigni , l'étoit devenu de Clairvaux , le fit bâtir : *Parifienfe Collegium primus ftruxit.* Malgré cette autorité, qui fembleroit devoir fixer toute incer-

(*m*) Hift. de Paris, tom. 1 , p. 309.—Piganiol , t. 5 , p. 330.—Dubois , t. 2 , p. 436. —La Barre, t. 5 , p. 220 , &c.

(*n*) Corrozet , fol. 122.—Sauval , t. 1 , p. 426 & 621.
(*o*) Tom. 2 , pag. 555 & 559.
(*p*) Tom. 4 , cap. 6 , p. 196.

titude, je ne crois pas que cet établissement ait
eu lieu avant 1244, Etienne de Lexinton n'ayant
été élu Abbé de Clairvaux qu'en 1242. Il avoit
une maison rue S. Martin, appelée l'Hôtel de
Clairvaux, dont j'ai fait mention en parlant du
cul-de-sac qui porte encore ce nom ; mais elle
étoit trop éloignée de l'Université pour pouvoir
servir d'asyle à ceux de ses Religieux qui voudroient étudier. L'Hôtel des Comtes de Champagne étoit situé plus commodément, mais il
étoit trop resserré pour l'établissement qu'il avoit
en vue ; d'ailleurs ce n'étoit point la coutume
dans l'Ordre de Citeaux de prendre des degrés
dans les Universités, il falloit en obtenir la permission du Souverain Pontife. Innocent IV la lui
accorda en 1244 ; ainsi, quoiqu'il pût y avoir,
avant cette époque, quelques jeunes Religieux
de cet Ordre étudiants à Paris, on ne peut pas
dire, à ce que je crois, qu'ils y aient eu un Collége particulier avant que le Pape en eût accordé la permission : ils n'en firent probablement
usage que deux ans après ; car ce ne fut que le
premier Novembre 1246 que l'Abbé Etienne prit
à rente, du Chapitre Notre-Dame, six arpents
de vignes & une piéce de terre contiguë, située
au-delà des murs, près S. Victor, qu'ils échangèrent, quelques jours après, contre un terrein
à peu près égal, dans le clos du Chardonnet.
Le Maire (*q*) a mal-à-propos fixé cette époque
en 1250.

Les Bernardins firent encore, dans le même
endroit, quelques autres acquisitions qui forment

(*q*) Tom. 2, p. 491.

aujourd'hui une cenſive aſſez étendue : elles furent amorties par Philippe le Bel , au mois de
Novembre 1294. Dès le 3 Mai 1253 , Alphonſe,
Comte de Poitiers & de Touloule , frère de S.
Louis, ſe déclara Fondateur de ce Collége ; il
lui donna 104 liv. de rente pour l'entretien de
vingt Religieux Profès , dont treize devoient être
Prêtres , & 20 liv. pour la fondation d'une Meſſe.
Par reconnoiſſance , ce Collége lui fut donné
en Patronage par l'Abbé & le Couvent de Citeaux (r).

Tel fut l'état de ce Collége juſqu'en 1320 ,
que l'Abbé & les Religieux de Clairvaux en cé-
dèrent la propriété , avec toutes ſes appartenances & dépendances , à l'Ordre de Citeaux en
général. Cette ceſſion , datée du 14 Septembre
1320 , fut approuvée par Philippe le Long , au
mois de Février ſuivant. Benoît XII , qui avoit
été Religieux de Citeaux , ne ſe contenta pas
d'approuver & d'amplifier les Réglements que le
Chapitre général avoit faits , depuis qu'il avoit
acquis la propriété de ce Collége ; il voulut lui
donner des marques particulières de ſon affec-
tion , en faiſant rebâtir à ſes dépens le Monaſtère & l'Egliſe. C'eſt à cette occaſion que les Auteurs , que j'ai cités ci-deſſus, ont dit que le
Collége & l'Egliſe avoient été bâtis en 1336.
La première pierre de la nouvelle Egliſe fut poſée le 24 Mai 1338. On voit , par des Lettres
de Philippe de Valois , datées de ce jour , qu'à
cette occaſion Jeanne de Bourgogne , Reine de
France , donna 100 liv. de rente aux Religieux

(r) Thréſor des Chartes , Mélanges , fol. 69.

de Citeaux, que le Receveur de Paris fut chargé de leur payer chaque année, à pareil jour. Benoît XII n'ayant pu faire finir l'Eglise qu'on avoit commencée, le Cardinal Curti, surnommé *le Blanc*, ci-devant Religieux de Citeaux, entreprit de la faire continuer ; mais il ne vécut pas aſſez pour la voir achever. Les débordements de la Rivière qui ſuivirent l'hiver de 1709, mirent dans la néceſſité de relever le pavé de cette Egliſe, & d'en exhauſſer le ſol de cinq pieds. Le grand Autel & les ſtalles du Chœur ſont ceux qui ſervoient à l'Abbaye de Port-Royal-des-Champs avant ſa deſtruction ; on les tranſporta en 1710.

Rue des Fossés S. Bernard. Elle aboutit d'un côté à la rue S. Victor, & de l'autre au quai de la Tournelle. On lui a donné ce nom parce qu'elle a été bâtie ſur les foſſés creuſés ſous la régence de Charles V, le long des murs de l'enceinte de Philippe-Auguſte. La Caille & quelques autres l'appellent rue *neuve des Foſſés S. Bernard*, Gombouſt & Bullet rue *des Foſſés* ſimplement. Elle fut couverte de maiſons du côté de S. Victor ſous le régne de Louis XIII, & de l'autre côté, en vertu de Lettres-Patentes du mois de Juin 1660, enregiſtrées au Parlement le 11 Septembre 1672 (s).

La Halle au Vin. Le Roi permit, en 1656, à M. de Chamarande & à M. de Baas, Maréchal de ſes Camps & Armées, d'établir une Halle au Vin. Les oppoſitions qu'on y forma en ſuſpendirent l'effet ; mais les Adminiſtrateurs de l'Hô-

---

(s) Hiſt. de Paris, tom. 5, pag. 218.

pital-Général ayant confenti, en 1662, à l'enregiftrement des Lettres du Roi, à la charge qu'ils jouiroient de la moitié du Bénéfice, elles furent enregiftrées fous cette condition, & fous celle que les droits de 10 fols par muid, accordés aux impétrants, ne pourroient être augmentés (*t*).

Il n'eft pas inutile de remarquer que la rivière de Bièvre paffoit en cet endroit au XIIe fiéclo, (Voyez ci-après rue de Bièvre) & qu'elle y faifoit tourner un moulin nommé *le Moulin d'Alez.* Sauval (*u* fait mention d'un Hôpital fitué près de cette Halle, & d'une Chapelle qui fubfiftoit encore de fon temps ; elle étoit fous l'invocation de S. Ambroife. Comme elle n'exifte plus depuis long temps, je fuis furpris de ce que dans *l'Almanach fpirituel* on indique encore, au 4 Mai, *à S. Ambroife de la Porte S. Bernard, Fête titulaire.*

RUE DU PONT AUX BICHES. Elle aboutit d'un côté à la rue Cenfier, & de l'autre aux extrémités des rues de la Muette & du Fer-à-Moulin. Sauval (*x*) dit qu'elle fe nomme rue *de la Miféricorde* depuis que l'Hôpital de ce nom y a été fondé. Elle n'eft cependant indiquée que fous le nom de rue du Pont aux Biches fur le Plan de Gombouft, & fur tous ceux qui l'ont fuivi : ce nom eft dû au petit Pont fous lequel paffe la rivière de Bièvre. En cet endroit, de Fer, le Commiffaire du Brillet & l'Abbé de la Grive la prolongent trop, en y comprenant la rue vieille Notre-Dame, dont elle eft diftinguée, quoiqu'en 1603 elle n'en fît qu'une,

---

(*t*) Hift. de Paris, tom. 5, pag. 190.

(*u*) Tom. 2, pag. 382.
(*x*) Tom. 1, pag. 116.

fous le nom de *Notre-Dame.* Nolin a fait une plus grande faute, en la plaçant vis-à-vis la rue du Gril , & en la nommant rue *du Pont aux Choux.*

Rue de Bièvre. Elle communique de la Place Maubert au quai de la Tournelle. On n'ignore pas qu'elle a été ainfi nommée , parce que la rivière de Bièvre paffoit anciennement en cet endroit, & alloit fe rendre dans la Seine un peu au-deffous de celui qu'on appelle *les grands degrés* : *vicus de Bevra* en 1243 , & *de Bievra* en 1259 (*y*). On fe tromperoit certainement , fi l'on ajoutoit quelque foi aux quatre premiers Plans inférés dans le Traité de la Police. Le Commiffaire la Marre y fait paffer , dès les commencements de Paris, la Bièvre par l'endroit qu'occupe la rue de ce nom ; & dans les quatre derniers, il lui donne le même cours qu'elle a aujourd'hui : il eft cependant certain que ce cours actuel eft le même qu'elle avoit anciennement , & qu'il n'a été détourné qu'au XIIe fiécle. S. Bernard (*z*) nous apprend lui-même que ce fut à fa prière qu'Odon, Abbé de Ste Géneviève , du confentement de fes Religieux , permit à ceux de S. Victor de dériver l'eau de la Bièvre , de la faire paffer dans leur enclos , & d y faire conftruire un moulin ; ce qui leur fut accordé , à condition que cela ne porteroit aucun préjudice au Moulin de *Cupels* (Copeaux) & qu'ils paieroient deux fols de cens à l'Abbaye, le jour de Ste Géneviève. Ce Moulin

---

(*y*) Cart. de Sorbonne.

(*z*) In not. ad Epift. 410, pag. 91, edit. de 1690,

fubfiftesubſiſte encore rue du Jardin du Roi, preſque vis-à-vis la rue Cenſier : en 1636, on le nommoit *le Moulin Bourgault.*

En vertu de cette permiſſion, les Religieux de S. Victor firent creuſer, à 140 toiſes du Moulin de Coupeaux, un canal qui traverſoit leur terrein & alloit aboutir *aux grands Degrés.* On n'en peut pas fixer l'époque avant 1148, parce qu'Odon ne fut nommé Abbé de Ste Géneviéve qu'en cette année ; ni plus tard qu'en 1150, parce qu'on ne voit pas que S. Bernard ſoit revenu à Paris depuis cette année-là.

La nouvelle enceinte que Philippe Auguſte fit faire, ne changea rien à ce canal ; on voit qu'à la fin du XIIIe ſiécle, il traverſoit encore le terrein des Bons-Enfants & celui des Auguſtins : mais les foſſés & arrière-foſſés qu'on fut obligé de faire ſous la Régence &. ſous le règne de Charles V, mirent dans la néceſſité de détourner la Bièvre. En 1361 on lui creuſa un nouveau canal entre la rue d'*Alez,* aujourd'hui détruite, & celle des Foſſés S. Bernard ; les démolitions & l'excavation des terres qu'il fallut faire, ayant cauſé un notable préjudice aux Religieux de S. Victor, Charles VI, pour les indemniſer, au moins en partie, leur accorda, par ſes Lettres du 6 Février 1411, le privilége excluſif de la pêche dans les foſſés qu'on avoit creuſés ſur leur territoire.

Je ne ſais à quelle occaſion ni pour quel motif Louis XII voulut faire reprendre à la Bièvre ſon ancien cours ; mais j'ai lu (*a*) que le 19 Janvier 1511 il manda au Prévôt des Marchands

(*a*) Reg. de la Ville, fol. 62.

XVI. Quartier.   B

& aux Echevins de la faire paſſer dans la Ville, comme autrefois. Cet ordre n'eut point alors ſon exécution ; car ce canal ſubſiſtoit au milieu du ſiécle paſſé, comme on peut le voir ſur le Plan de Gombouſt de 1652, & il traverſoit encore l'enclos de S. Victor en 1676, ſuivant celui de Bullet : je crois cependant que c'eſt une faute dans ce dernier ; car, le 3 Décembre 1672, le Roi avoit rendu, en ſon Conſeil, un Arrêt par lequel il en ordonnoit la ſuppreſſion ; & je trouve que ce canal, qui avoit neuf pieds de large, fut comblé, en exécution d'un ſecond Arrêt du 5 Mai 1674.

Quoiqu'on eût détourné la Bièvre en 1368, cependant, cent ans après, le canal par lequel elle paſſoit, ſubſiſtoit encore, & ſervoit d'égoût. Il s'y amaſſoit tant d'immondices, que le Parlement, par Arrêt du 23 Septembre 1473, ordonna de le nettoyer. Les inconvénients qui pouvoient en réſulter, ont fait prendre le parti de le voûter.

LE COLLÉGE DE CHANAC. On le trouve auſſi déſigné ſous les noms de *S. Michel* & de *Pompadour*. Du Breul (*b*) dit « qu'il fut fondé en » honneur de S. Michel par Guillaume de » Chanac, Evêque de Paris, iſſu de la noble » lignée de Pompadour; » mais il ne marque point l'année de la fondation. Le Maire (*c*) & Dom Félibien (*d*) ne l'indiquent pas non plus ; ils ſe contentent tous les deux de nous apprendre qu'elle fut confirmée par Arrêt du 23 Septembre

---

(*b*) Liv. 2, pag. 706.　　(*d*) Hiſt. de Paris, tom. 2,
(*c*) Tom. 2, pag. 537.　　P. 596.

1402. C'eſt ſans doute parce qu'on ignore la véritable époque de ſon origine, qu'on l'a placée en cette année dans le Compte (*e*) rendu au Parlement de l'état des Colléges, le 12 Novembre 1763. L'Abbé Lebeuf (*f*) dit vaguement que ce fut avant 1402. Il eſt certain qu'il en faut faire remonter la date avant le milieu du ſiécle précédent ; car Guillaume de Chanac décéda le 3 Mai 1348. Sauval (*g*) & le Plan de Boiſſeau fixent cette fondation en 1342 : ſeroit-ce parce qu'en cette année Guillaume de Chanac ſe démit de ſon Evêché, & fut nommé Patriarche d'Alexandrie ? Les termes de ſon Teſtament annoncent qu'il avoit deſtiné ſa maiſon, ſiſe rue de Bièvre, pour y faire un Collége, dans lequel on placeroit dix ou douze Bourſiers. On en peut conclure que ce n'étoit qu'un deſſein formé, qui ne fut point alors exécuté. En effet, on ne voit pas qu'il ait donné pour cette fondation une ſomme qui pût ſuffire à l'entretien de ce nombre de Bourſiers. On peut juger, par les Statuts de 1404, de la médiocrité de leur revenu : le Maître n'avoit alors que 6 ſols par ſemaine, le Chapelain 4 ſols, & chaque Bourſier 3 ſols. Cette fondation fut augmentée par un autre Guillaume de Chanac, Evêque de Mende, & par le Cardinal Bertrand, Patriarche de Jéruſalem, qui donnèrent chacun 500 liv. & ce dernier y ajouta ſa maiſon du fauxbourg S. Marcel, appelée encore aujourd'hui *la Maiſon du Patriarche.*

A l'égard du nom de Pompadour qu'on a quel-

(*e*) Pag. 49.
(*f*) Tom. 2, pag. 404.

(*g*) Tom. 2, pag. 377.

quefois donné à ce Collége, j'avoue que dans un Arrêt du 9 Février 1510 (*h*) , Mre Antoine de Pompadour , Chevalier· , eſt qualifié *Fondateur* du Collége de Chanac ; c'eſt ce qui a pu faire penſer que Guillaume de Chanac étoît de cette Famille , & que le nom de Chanac étoit celui de la mère de cet Evêque (*i*). Ce titre de Fondateur ne fut cependant pris par M. de Pompadour , que comme deſcendant de Renaud - Elie de Pompadour qui épouſa , en 1355 , Galienne de Chanac , unique héritière de cette Maiſon , laquelle lui tranſporta , par ſon mariage , tous les droits que cette qualité lui donnoit (*k*). Les Bourſes de ce Collége , deſtinées aux Parents du Fondateur , ou à des Ecoliers du Diocèſe de Limoges , ont été ſuſpendues en vertu d'une Concluſion de l'Univerſité du 16 Juillet 1729, confirmée par Arrêt ; mais c'eſt ſans aucun fondement que M. Piganiol (*l*) dit que les biens de ce Collége ſont ſi conſidérablement diminués , qu'à peine peut-on y entretenir aujourd'hui ſix Bourſiers , puiſque le Compte rendu au Parlement , que j'ai cité , en fait monter le revenu à 5568 liv. 10 ſols.

RUE BORDET. Elle commence à la rue de la Montagne Ste Généviéve , près la Fontaine , & aboutit à la rue Moufetard , au coin de celle de la Contreſcarpe. Suivant les Cartulaires de l'Abbaye Ste Généviéve , on l'appeloit , en 1259, *Strata publica de Bordellis.* Dans les ſiécles ſui-

---

(*h*) Hiſt. de Paris , tom. 4 , pag. 622.
(*i*) Le Maire , loc. cit. ſup.
(*k*) Gall. Chr. t. 7, col. 130.
(*l*) Tom. 5, pag. 347.

vants , on la trouve fous les noms de *Bordelle ,
Bourdel , de la Bourdelle , Bourdelle & Bourdet.* Ces
noms , défigurés par les Copiftes , viennent de la
famille de Bordelles fort connue alors , & qui
donna le fien à la rue dont je parle , & à la Porte
à laquelle elle conduifoit. Guillot la nomme *rue
de la Porte S. Marcel.*

On voyoit autrefois dans cette rue les Hôtels
de Bourbon , de Bavière , de l'Evêque d'Orléans
& de celui de Tournai : le premier ne fubfifte
plus ; on trouve des veftiges du fecond dans un
grand logis , maintenant habité par des Artifans ,
qui conferve le nom de *Cour de Bavière* ; les deux
autres ont formé les Colléges dont je vais parler.

Le Collége de Boncourt. Il paroît qu'il a
été bâti fur l'emplacement de l'Hôtel de l'Evêque
d'Orléans , acquis par Pierre de Bécoud , fieur
de Fléchinel. On voit (*m*) par fes Lettres du 12
Septembre 1353 (datées du 10 Décembre dans
l'Acte de Fondation du 18 Novembre 1357 , &
dans le Compte rendu au Parlement le 12 Novembre 1763) , qu'il affecta fa maifon fituée à
la Montagne Ste Géneviéve , & quelques dixmes
qu'il avoit en Flandre , à l'établiffement & dotation d'un Collége *pour huit pauvres Ecoliers étudiants en Logique & Philofophie, qui auront chacun
quatre fols par femaine.* Le Fondateur déclare par
ce même Acte que fon intention eft que ces huit
places foient remplies par des Ecoliers *pris &
élus , toutes fois que le cas fi offerra , en le Evefquié
de Thérouenne , excepté ce qu'il y a dud. Evefquié*

(*m*) Hift. de Paris , tom. 3 , pag. 440 & fuiv.

B iij

au pays de Flandre ; & qu'ils foient nommés par l'Abbé de S. Bertin à S. Omer, & par celui du Mont S. Eloi. (du Diocèfe d'Arras.)

Au mois de Mars 1638, Louis XIII unit ce Collège à celui de Navarre, qui n'en étoit féparé que par la rue Clopin, pour y établir une Société de Docteurs en Théologie à l'inftar de celle de Sorbonne. En conféquence, le Roi permit de fermer cette rue dans la longueur de 64 toifes, par Lettres-Patentes du mois d'Avril 1639, enregiftrées le 14 Décembre de la même année. Le nom du Fondateur de ce Collége a été altéré & changé en celui de *Beaucourd*, *Bécourt*, & *Boncourt*.

LE COLLÉGE DE TOURNAI. Il étoit voifin de celui de Boncourt, & avoit fervi d'hôtel aux Evêques de Tournai. Je n'ai pu découvrir en quelle année il fut fondé : tous les Hiftoriens qui en ont parlé, difent que ce fut vers le même temps que celui de Boncourt. C'eft fans doute fur cette opinion que M. de la Barre (*n*) s'eft appuyé, pour en placer l'époque en 1353. On fait feulement qu'il exiftoit au XIVe fiécle, & qu'il y avoit une communication d'un de ces Colléges à l'autre, pour faciliter aux Ecoliers de Tournai le moyen d'affifter à la Meffe qui fe difoit au Collége de Boncourt, & aux leçons qui s'y faifoient. Le Maire (*o*) dit que *cette fondation eft tout-à-fait perdue, ou bien qu'elle a été changée & convertie à d'autres ufages.* Il ne devoit cependant pas ignorer qu'au temps où il écrivoit,

---

(*n*) Tom. 5, pag. 412. | (*o*) Tom. 2, p. 596.

il y avoit quarante-sept ans qu'il avoit été uni,
avec celui de Boncourt, à la Maison de Navarre,
par les mêmes Lettres-Patentes que j'ai citées,
& aux mêmes conditions.

RUE DES BOULANGERS. Elle descend de la
rue des Fossés S. Victor dans la rue du Fauxbourg
du même nom, vis-à-vis l'Abbaye. Elle est marquée
sans aucun nom, sur le Plan de Dheulland ; cependant elle étoit connue alors sous celui de rue
neuve S. Victor. On l'a depuis appelée rue des
Boulangers, apparemment parce que la plus
grande partie de ceux du Fauxbourg S. Victor
s'y étoient établis.

RUE DU GROS-CAILLOU. Elle fait la
continuation de la rue du Marché aux Chevaux,
& aboutit à celle du Banquier. On ne la trouve
désignée sous aucun nom sur les Plans du siécle passé & du commencement de celui-ci : le
premier où je la voie nommée du Gros-Caillou,
est celui que l'Abbé de la Grive publia en
1737. On ne l'a connoissoit auparavant que sous
le nom de *Chemin de Gentilli*.

RUE CENSIER. Elle aboutit d'un côté à la rue
Moufetard, & de l'autre à celle du Jardin du
Roi. Les Géographes & les Nomenclateurs coupent cette rue en deux parties, à l'endroit où les
rues vieille Notre-Dame & du Pont aux Biches
viennent se réunir dans celle-ci. Depuis la rue
Moufetard jusqu'à cette jonction, Gombouft,
Jouvin & de Fer la nomment *Vieille rue S. Jacques*,
de Lisle & la Caille rue *Centier* ou *S. Jean* ; &
depuis la rue du Pont aux Biches elle est appelée,

fur les Plans des trois premiers, rue *Notre-Dame*, & *Vieille rue S. Jacques* fur ceux des deux derniers. L'Abbé de la Grive & fes Copiftes ne lui donnent aucun nom dans cette partie. Enfin d'autres fe réuniffent pour n'en faire qu'une feule rue, fous le nom de *vieille rue S. Jacques* ou *Cenfier*, comme on le voit fur les Plans de Boiffeau, Nolin, Rouffel, &c. Sauval (*p*) dit qu'autrefois elle fe nommoit rue *des Treilles*, & *auparavant rue fans Clef*, *parce que c'étoit un cul-de-fac ; & depuis, du Centier ou du Cenfier ou Cenficre, à l'occafion d'un Receveur des Cens & Rentes qui y a demeuré fort long-temps.* La veritable étymologie de ce nom vient de ce que, dans fon origine, ce n'étoit qu'un cul-de-fac, qu'on appeloit alors rue *Sans Chef*, & par corruption rue *Sancée, Cenfée & Cenfier*. Dans le Terrier de Ste Géneviéve de 1603, elle eft nommée *rue de Cul-de-Sac autrement dite rue Sancier ou Sans Chef*; & dans celui de 1646 *rue Sans Chef*, aliàs *des Treilles*. Dans le Procès-Verbal de 1636, on lit *rue Sancier Cul-de-Sac*. Ce cul-de-fac n'eft point marqué fur le Plan de S. Victor.

A l'entrée de cette rue, du côté de la rue Moufetard, il y a une efpèce de ruelle ou paffage qui conduit à la Riviére de Bièvre. Il y en avoit une autre vis-à-vis l'Hôpital des Cent Filles, qu'on nommoit, en 1588, *ruelle du Jubin* ou *rue S. Antoine*, où aboutiffoient quelques maifons des rues d'Orléans & Vieille Notre-Dame. Elle fut abandonnée audit Hôpital.

✦ L'HÔPITAL DE NOTRE-DAME DE LA MISÉRICORDE, vulgairement appelé LES CENT FILLES.

_____

(*p*) Tom. I, p. 122.

Il doit son établissement à la piété & à la libéralité de M. Antoine Seguier, Président au Parlement. La quantité considérable de pauvres de tout sexe & de tout âge avoit fait prendre aux Magistrats différentes mesures pour les enfermer dans les Hôpitaux, & Louis XIII avoit donné, à cet effet, le 27 Août 1612, des Lettres-Patentes qui furent enregistrées le 3 Septembre suivant. Parmi ces Pauvres, il y avoit un grand nombre de jeunes Filles orphelines de père & de mère, & trop jeunes pour se procurer les moyens de subsister. M. Seguier forma le projet d'établir un Hôpital en leur faveur : il acheta dans ce dessein, de Mme de Mesmes, le 21 Mars 1622, une maison appelée *le petit séjour d'Orléans*, parce qu'il faisoit partie de l'ancien Hôtel des Ducs d'Orléans dont je parlerai. (Voyez ci-après rue d'Orléans.) Quelque temps après, il obtint des Lettres-Patentes qui érigent cette Maison en Hôpital, sous le nom de *Notre-Dame de la Miséricorde*. Ces Lettres sont du mois de Janvier 1623, & furent enregistrées au Parlement le 6 Avril suivant (*q*). L'inscription qu'on a placée dans la Chapelle, porte que le 17 Janvier 1624, M. Antoine Seguier fonda & fit bâtir cet Hôpital pour cent pauvres Orphelines, & le dota de seize mille livres de rente. Il ne fut achevé que trois ans après la mort du Fondateur, qui arriva le 15 Novembre 1624. L'objet de cet établissement étoit de procurer à cent jeunes Filles l'éducation chrétienne, & de leur faire apprendre les métiers auxquels elles seroient propres. Le

---

(*q*) Hist. de Paris, tom. 4, pag. 66.

feu Roi ne se contenta pas de l'approuver, il voulut encore donner à ces Orphelines des marques d'une protection particulière par les priviléges qu'il leur accorda : il ordonna, par ses Lettres-Patentes du 22 Avril 1656, enregistrées le 8 Mai de l'année suivante, que les Compagnons d'Arts & Métiers, qui, après avoir fait leur apprentissage, épouseroient les Filles de cet Hôpital, seroient reçus *Maîtres*, sans faire de chef-d'œuvre & sans payer aucuns droits de Réception, sur la simple représentation de l'Extrait de célébration de leur Mariage. Ces priviléges furent de nouveau confirmés par d'autres Lettres-Patentes du mois d'Avril 1659, enregistrées le 14 Juillet suivant. Le dernier sceau de l'autorité royale fut mis à cet établissement par de nouvelles Lettres-Patentes du mois d'Avril 1672, enregistrées le 18 Mai suivant, qui confirment les Statuts & Réglements faits pour cet Hôpital. •Il est destiné, comme je l'ai dit, pour cent Filles qu'on y reçoit : elles doivent avoir six à sept ans au plus, être nées à Paris, en légitime mariage, orphelines de père & de mère, pauvres, & saines d'esprit & de corps. Elles peuvent rester dans cette Maison jusqu'à l'âge de vingt-cinq ans, & l'Hôpital leur accorde une dot lorsqu'elles viennent à se marier, ou à faire Profession religieuse.

Cette Maison est administrée sous les ordres de M. le premier Président, de M. le Procureur-Général, & du Chef mâle du nom & famille du Fondateur, par une Gouvernante & quatre Maîtresses choisies par trois Gouverneurs, & confirmées par les Chefs que je viens de nommer. La reconnoissance l'a fait mettre sous l'invocation de S. Antoine, Patron du Fondateur.

Il confomma cet établiffement par le Contrat du 17 Janvier, jour auquel l'Eglife célèbre la Fête de S. Antoine.

RUE DE LA CLEF. Elle aboutit d'un côté à la rue Coupeaux, & de l'autre à celle d'Orléans. Sauval (*r*) dit *qu'elle s'eft appelée tantôt rue de la Corne, tantôt rue neuve S. Médard, & qu'on l'a même fouvent confondue avec la rue Gratieufe & la rue Tripelet.* Cela n'eft pas abfolument exact. Je fais qu'en 1587 cette rue portoit le nom *de S. Médard*, & que dans une Déclaration rendue au Terrier de Ste Généviéve, en 1588, on énonce, rue Courtoife (Gratieufe) une maifon qui étoit fituée rue de la Clef; mais je n'ai point trouvé qu'on l'ait nommée *de la Corne* ni *neuve S. Médard.* Sauval a pris le tout pour la partie : les rues dont il parle font diftinctes les unes des autres; elles occupent une portion du clos du Chardonnet, qui a formé le Champ d'Albiac dont j'ai parlé ci-deffus ; &, quand on l'eut couvert de maifons, cet endroit fut appelé *la Ville neuve S. René.* La rue de la Clef portoit ce nom dès 1588, & je ne vois pas qu'elle en ait changé depuis. Elle le doit à une enfeigne de la Clef : c'étoit celle d'une maifon appartenant à Charles Duchefne.

RUE CLOPIN. Elle traverfe de la rue Bordet dans celle des Foffés S. Victor ; & doit fon nom à un logis appelé *la grande Maifon Clopin,* qu'on y bâtit en 1258 (*s*). Il faut obferver qu'alors elle fe terminoit à la rue des Murs (d'Arras);

(*r*) Tom. 1, pag. 126. | (*s*) Sauval, t. 1, p. 126.

c'eſt ce qui a induit en erreur Jouvin , qui, ſur ſon Plan, n'en fait qu'une des deux, ſous le nom de *rue d'Arras.* Le nom de *Clopin* ſe trouve dans pluſieurs Actes du XIIIᵉ ſiécle, rapportés dans le Cartulaire de Sorbonne. Elle le portoit encore dans les deux ſiécles ſuivants ; mais, dès le commencement du XVIᵉ ſiécle, on la trouve indiquée dans nos Hiſtoriens (*t*) & ſur les Plans ſous celui *du Champ Gaillard* & *du Chemin Gaillard.* On appeloit ainſi le chemin qui régnoit en cet endroit le long des murs , & la Place où la rue Clopin aboutiſſoit.

Lorſqu'au ſiécle dernier on abattit les murs, & qu'on combla les foſſés pour y conſtruire des maiſons , cette rue fut prolongée juſqu'à celle des Foſſés S. Victor, & fut nommée rue *des Angloi-ſes* , parce qu'elle aboutit vis-à-vis du Couvent des Religieuſes Angloiſes ; mais enſuite elle a repris ſon premier nom de Clopin dans toute ſon étendue. J'ai dit à l'article du Collége de Boncourt , que Louis XIII avoit permis de la fermer dans la longueur de 64 toiſes ; mais l'utilité publique a déterminé les Supérieurs du Col-lége de Navarre à faire conſtruire une galerie de communication avec celui de Boncourt, pour laiſſer le paſſage de cette rue libre comme auparavant.

Dans cette rue, & attenant la maiſon où l'on a bâti le Collége de Boncourt, étoit ſitué , au XIIIᵉ ſiécle , l'Hôtel des Comtes de Bar. Sau-val (*u*) dit qu'il leur appartenoit en 1338. Les Cartulaires de Sᵗᵉ Géneviéve & de Sorbonne en

---

(*t*) Corrozet , pag. 206.— Sauval, t. 3 , p. 78.—Plan de | Dheulland.
| (*u*) Tom. 2, p. 136.

font mention , en 1284 & 1285 , & il paroît qu'alors cette rue n'étoit qu'un cul-de-fac , une rue fans chef : *vicus fine capite , juxta domum Comitis de Barro.*

RUE CONTRESCARPE. Elle aboutit d'un côté aux rues Bordet & Moufetard , & de l'autre au coin de la rue neuve S^re Géneviéve. Elle doit ce nom à fa fituation fur les foffés de l'Eftrapade. Avant que les foffés qu'on avoit creufés entre la porte S. Victor & celle de S. Jacques fuffent comblés & couverts de maifons , ce terrein-ci étoit extrêmement élevé & rendoit le chemin difficile & pénible. M. de Fourci , Prévôt des Marchands , entreprit de lui donner une pente plus douce : il obtint , le 17 Avril 1685 , un Arrêt du Confeil qui permettoit de démolir la Porte S. Marcel , & de reprendre , à 15 pieds fous œuvre , les maifons de la rue Contrefcarpe , en indemnifant les Propriétaires (*x*). Cet Arrêt fut confirmé par Lettres-Patentes du mois de Juillet 1686 , enregiftrées le 2 Août de la même année.

RUE COPEAU , ou COUPEAUX , qui me paroît être fon véritable nom. Elle conduit de la rue Moufetard au carrefour de la Pitié. Son nom eft ancien ; il vient d'un Hôtel , fur l'emplacement duquel il y avoit une butte & un moulin à vent ; il y en avoit un autre , à quelque diftance , fur la Rivière de Bièvre , nommé *le Moulin de Cupels* , au milieu du XIIe fiécle , dont j'ai parlé ci-deffus : on en donna le nom au chemin par lequel on y

---

(*x*) Hift. de Paris , t. 4 , p. 273.

alloit. Dans les anciens Titres, on le trouve sôus celui de *la Chauciée Coupeaulx*, & dans le Procès-Verbal de 1636, *la grand rue de Coippeaulx.* Sauval (*y*) dit *qu'on l'a aussi nommée la rue de Mesmes, à cause de Jean-Jacques de Mesmes, Lieutenant-Civil, propriétaire de l'Hôtel du Séjour d'Orléans bâti dans cette rue.* Il y a certainement erreur dans cette anecdote ; car le Séjour d'Orléans n'étoit point dans cette rue-ci, mais dans celle des Bouliers, dite depuis d'Orléans.

L'Hôpital de la Pitié. L'ordre que Louis XIII avoit donné, en 1612, de renfermer les mendiants, obligea les Magistrats de pourvoir à leur logement ; ils louèrent, à cet effet, la même année, cinq grandes maisons. La principale étoit celle où l'on construisit l'Hôpital de Notre-Dame de Pitié : elle fut achetée, ainsi que celle de Scipion, pour y placer les Vieillards & les Enfants des deux sexes. Comme cette Maison est une dépendance de l'Hôpital-Général, je me réserve à parler de son origine à cet article ; je dois seulement observer que c'est dans celle-ci que les Administrateurs tiennent leurs Assemblées; qu'elle est destinée pour les jeunes Filles, qui font élevées avec soin, & auxquelles on apprend des métiers convenables, & que dans une cour séparée on loge un assez grand nombre de petits Garçons qu'on instruit, & qu'on met en état de travailler pour gagner leur vie.

Rue des Trois-Couronnes. Elle aboutit

______

(*y*) Tom. 1, pag. 128.

d'un côté à la rue Moufetard, & de l'autre au carrefour S. Hippolyte. Sur les Plans du fiécle paffé, elle ne paroît pas diftinguée de la rue S. Hippolyte dont elle fait la continuation. Le Procès-Verbal de 1636 énonce la grande & la petite rue S. Hippolyte : ce dernier nom me paroît convenir à la rue des Trois-Couronnes, ou à celle de Pierre-Affis.

RUE CREUSE. Elle traverfe de la rue des Francs-Bourgeois à celle du Banquier. C'étoit un fimple chemin, auquel je n'ai point trouvé qu'on ait donné aucun nom : elle ne porte celui de rue Creufe que depuis quelques années.

RUE CROULEBARBE. Elle commence à la rue Moufetard, près les Gobelins, & aboutit à un Moulin appelé ainfi, dont on lui a donné le nom. J'ai lu un Accord, ou Tranfaction, du Chapitre de S. Marcel, au mois de Décembre 1214, pour le Moulin *de Crollebarbe* (γ). Le Cartulaire de Ste Géneviéve, de 1243, indique trois Particuliers qui poffédoient des vignes à *Croulebarbe* (a); & dans plufieurs Déclarations rendues au Domaine, en 1540, il eft fait mention du lieu dit *les Plantes ou Croulebarbe* Le Moulin dont je viens de parler eft auffi nommé dans quelques anciens Titres *le Moulin de Notre-Dame.*

RUE DES GRANDS DEGRÉS. Elle aboutit d'un côté à la rue du Pavé de la Place Maubert, &

(γ) Paftoral A, pag. 715 &
& 782 ; & D, pag. 313.

(a) Fol. 23 & 24.

de l'autre à celles de Bièvre & de la Tournelle. Ce nom lui vient d'un grand degré par lequel on descendoit à la Rivière, & qui subsiste encore aujourd'hui. Les Titres de Ste Géneviéve en font mention au XIIIe siécle : *Gradus.... domus juxta secanam propè gradum* (b). Cette rue faisoit partie du Port que la Ville fit faire en 1366. Alors on la nomma rue *S. Bernard* ; mais depuis qu'on y eût bâti les maisons qui forment aujourd'hui la rue de la Tournelle, on l'appeloit rue *Pavée*. Ce n'est que depuis le commencement de ce siécle qu'on lui a donné le nom qu'elle porte à présent.

RUE DERVILLÉ. Elle traverse de la rue du Champ de l'Allouette à celle des Filles Angloises. Tous nos Plans ne lui donnent aucun nom : je l'ai trouvé désignée sous celui de *ruelle*, de *petite rue des Filles Angloises*, & de *petite rue neuve S. Jean de Latran*. Le nom Dervillé est celui d'un Particulier qui habitoit dans cette rue il y a quelques années.

RUE DE L'ÉPÉE DE BOIS. Elle aboutit d'un côté à la rue Moufetard, & de l'autre au Champ d'Albiac. C'est parce qu'elle y conduit, que Bullet, Jouvin, & ceux qui les ont suivis, la nomment rue *du petit Champ*, quoiqu'une enseigne de l'Epée de Bois lui en eût fait donner le nom long-temps auparavant ; car on la trouve indiquée ainsi dans une Déclaration du 20 Août 1603 (c), dans de Chuyes, & sur les Plans de Boisseau & de Gomboust.

(b) Cart. S. Genov. de 1243, fol. 9, Cens. de 1248, fol. 36.

(c) Terrier de Ste Géneviéve, tom. 2.

RUE NEUVE S. ETIENNE. Elle aboutit d'un côté à la rue des Foſſés S. Victor, & de l'autre, tournant en équerre, à la rue Coupeaux. Le plus ancien nom qu'elle ait porté, eſt celui de *Chemin du Moulin à vent*, parce qu'elle conduiſoit à un Moulin ſitué ſur une éminence où l'on bâtit depuis un logis aſſez agréable, appelé *le Château de Montauban* : Sauval (*d*) dit qu'il en fit donner le nom à la rue. Cette aſſertion n'eſt vraie qu'en partie. La rue neuve S. Etienne étoit anciennement appelée rue *du Puits de Fer*, & elle devoit ce nom au puits qui ſubſiſte encore au haut de cette rue, au carrefour qu'elle forme avec la rue Contreſcarpe & celle des Foſſés S. Victor : c'étoit un puits public en 1539; Corrozet l'indique ſous le nom de *Puits de Fer* ou *des Morfondus*. Cette rue étoit connue ſous cette dernière dénomination à l'époque que je viens de citer. On voit qu'alors il y avoit dans cette rue une maiſon appelée *des Morfondus* ou *des Réchauffés*, dont on lui donna le nom : à l'égard de la rue *Montauban*, c'étoit le nom de la ruelle ou cul-de-ſac qui alloit de la rue Coupeaux au Tripot de Montauban, & qui fait le retour de la rue neuve S. Étienne (*e*). Ce cul-de-ſac étoit le reſte d'une ancienne rue qui ſe terminoit au coude que forme la rue des Boulangers. Dans pluſieurs Titres de l'Abbaye S. Victor, cette rue portoit le nom de *Tiron*, parce qu'elle conduiſoit au clos de Tiron. Lorſqu'elle fut fermée, on prolongea celle de Montauban, pour la faire

______

(*d*) Tom. 1, pag. 151. | (*e*) Arch. de Ste Géneviéve.

XVI. Quartier.   C

aboutir à la rue du Fauxbourg S. Victor : il en reste encore des traces dans le jardin des Religieuses dont je vais parler, à l'extrémité duquel est une porte vis-a-vis S. Victor, qui me paroît marquer l'ancienne entrée de cette rue.

LES FILLES DE LA CONGRÉGATION DE NOTRE-DAME. Elles doivent leur institution au P. Pierre Fourrier, Chanoine de S. Augustin, Curé de Mataincourt en Lorraine, & à la vénérable Alix le Clerc. Les premiers fondements en furent jettés en 1597 ; Alix le Clerc forma une petite Communauté séculière pour instruire la Jeunesse, à l'instar des Filles de Ste Ursule. Le succès de cet institut, & le nombre des personnes qui s'y dévouèrent, engagèrent Mme d'Aspremont à les faire transférer à S. Mihiel, en 1601. Ce premier établissement fut bientôt suivi de plusieurs autres ; mais il n'eut une forme stable & régulière qu'en 1617, temps où Alix & ses Compagnes prirent l'Habit Religieux. Elles avoient obtenu, le premier Février 1615 & le 6 Octobre 1616, deux Bulles par lesquelles le Pape Paul V leur permit d'ériger leurs Maisons en Monastères, & d'y vivre en clôture, sous la Règle de S. Augustin. Ce fut d'un de ces Monastères, établi à Laon en 1622, que quelques Religieuses vinrent à Paris dans le dessein de s'y fixer. Tout ce qu'a dit Sauval (f) à ce sujet, & que M. Piganiol (g) a répété sans réflexion, est un tissu d'inexactitudes. Le Maire & les Historiens de Paris n'ont apparemment pu se procurer de lumières ; ils ont

____

(f) Tom. 1, p. 679. | (g) Tom. 5, p. 199.

gardé le plus profond silence sur cette Maison. On lit dans Sauval que « ces Religieuses s'eta- » blirent à Nanci en 1611, qu'il en vint quatre » à Paris, en 1634, qui se placèrent, le 17 » Juillet, en la rue de Vaugirard ; que vers l'an » 1643 elles vinrent se loger au Quartier S. Paul ; » qu'elles se transportèrent ensuite près la Porte » Montmartre, & enfin dans la rue neuve S. » Etienne en 1674. » C'est cette dernière époque que l'Auteur *des Tablettes Parisiennes* a prise pour celle de leur établissement.

Ces erreurs ne proviennent sans doute que de ce que les Auteurs que j'ai cités ont ignoré qu'il y a eu trois émigrations différentes des Religieuses de la Congrégation, & qu'elles font toutes ve- nues du Monastère de Laon.

Les premières, qu'on appeloit simplement *les Religieuses de Laon*, & quelquefois *de Lorraine*, s'établirent, le 16 Juillet 1634, rue du Chasse- midi, où elles restèrent jusqu'en 1669, temps où elles furent obligées de s'unir avec les Reli- gieuses de l'Abbaye de Malnoue, qui achetèrent leur Maison, & dont elles embrassèrent la Règle : j'en parlerai au Quartier du Luxembourg.

Les secondes trouvèrent les moyens d'avoir un Monastère à Charonne, par les libéralités de Madame la Duchesse d'Orléans qui leur acheta la terre de Charonne, moyennant 65000 liv. & leur donna 6000 liv. de rente. La mauvaise administration de cette Maison & quelques rai- sons particulières firent supprimer ce Monastère en 1682.

Enfin celles qui donnent lieu à cet article vin- rent à Paris en 1643. Le 9 Juin de cette année M. l'Archevêque leur permit de s'établir au Marais, Paroisse de S. Jean en Gréve. On voit par cet Acte que M. Philbert Brichanteau, Evêque de Laon, leur avoit donné, le 11 Mars précédent, 1000 liv. de rente. Jacques Duval, Valet-de-Chambre du Roi & de la Reine, & Catherine Oudin, sa femme, contribuèrent à leur dotation par un don de 600 liv. de rente qu'ils leur firent le 12 du même mois. Ce fut à la faveur de cette dotation, que M. l'Archevêque, *suivant le commandement & instantes prières de la Reine*, permit leur établissement. Les Titres que ces Religieuses ont bien voulu me communiquer, ne me fournissent aucune preuve qu'elles aient eu un Couvent au Marais : cette Maison du Marais étoit sans doute celle où elles arrivèrent, mais qui ne leur parut pas propre pour une Maison Religieuse. On voit en effet que la Ville ayant donné, le 7 Mars 1644, son consentement à leur établissement, elles achetèrent, le 4 Octobre, deux maisons rue S. Fiacre, au coin de celle des Jeux-neufs ; & qu'au mois de Janvier 1645, Sa Majesté leur accorda des Lettres-Patentes, confirmées depuis par d'autres Lettres de surannation, du 10 Août 1664, enregistrées le 7 Juillet 1677.

Ces Religieuses s'étoient mises sous la direction de M. Imbert Porlier, Recteur de l'Hôpital-Général, qui demeuroit à la Pitié ; ce saint Prêtre, qui connoissoit toute l'utilité de cet établissement, & combien il seroit avantageux pour le quartier qu'il habitoit, forma le dessein de les y placer : il y possédoit quelques petites maisons & jardins, &, le 13 Octobre 1673, il acquit la maison de Montauban dont j'ai parlé ci-dessus, qui, comme je l'ai dit, s'étendoit jusqu'à la rue du Fauxbourg

S. Victor. Elle lui fut adjugée par Décret du 16 Juillet suivant ; & le même jour les Religieuses consentirent à être transférées dans cette Maison, ce qui fut exécuté le 28 Octobre de la même année, jour auquel M. Porlier bénit une petite Chapelle qu'il avoit fait construire à la hâte. Il mit depuis le comble à sa libéralité, en laissant à ces Religieuses, en propriété, les acquisitions qu'il avoit faites, dont il leur fit une donation entre-vifs, par contrat du 18 Avril 1681. L'année suivante elles acquirent une maison & un jardin contigus à leur terrein, & firent bâtir l'Eglise que nous voyons aujourd'hui : elle fut bénite le 15 Août 1688, & toutes leurs acquisitions furent amorties par Lettres-Patentes du mois d'Août 1692.

Dans la partie de la rue neuve S. Etienne qui descend à la rue Coupeaux, il y avoit encore une ruelle qui conduisoit à la rue du Faux-bourg S. Victor, & qui n'est désignée sous aucun nom. Elle a été supprimée, & comprise dans la maison & jardin du sieur Mathurin Baudeau.

RUE DE FER, OU DES HAUTS FOSSÉS S. MARCEL. Elle commence au carrefour de Clamart, & aboutit à la rue Moufetard. Autrefois elle étoit divisée en deux parties, & distinguée par les deux noms que je viens de rapporter. On l'appeloit rue *de Fer*, depuis le carrefour de Clamart jusqu'à la rue des Francs-Bourgeois. De Chuyes & Gombouft la nomment rue *d'Enfer*. L'autre partie a été nommée rue *des Fossés* & *des hauts Fossés* S. Marcel, parce qu'elle est bâtie sur les fossés qui environnoient le territoire de S. Marcel. Près de l'endroit où elle se réunit à la rue des Francs-Bourgeois étoit une Porte nommée *de la Barre*, qui a fait donner ce nom à une rue voisine : à l'autre extrémité elle touchoit à une autre Porte, qu'on a depuis appelée *la fauſſe Porte S. Marcel*; celle-ci étoit connue, en 1304, ſous le nom de *Porte Poupeline* (*h*).

RUE DU FER A MOULIN. Elle aboutit d'un côté à la rue Moufetard, & de l'autre à celles de la Muette & du Pont aux Biches. Autrefois ell. s'étendoit, ſous ce nom, juſqu'au carrefour de Clamart. (Voyez ci-après rue de la Muette.) Le plus ancien nom qu'elle ait porté, eſt celui de rue *du Comte de Boulogne*, parce que les Comtes de Boulogne y avoient leur Hôtel. Sauval (*i*) dit qu'elle s'eſt auſſi appelée rue *de Richebourg*, & qu'elle a communiqué ce nom à un petit pont ſur la Bièvre, qu'on nomme aujourd'hui *le Pont aux Tripes*. Dans tous les Titres de Ste Géneviéve ce Pont eſt appelé *des Tripiers*, & anciennement *Pont S. Médard*. Quant au nom de *Richebourg*, c'étoit celui du territoire où cette rue eſt ſituée. Au milieu du XIIIe ſiécle on diſoit, en parlant des maiſons ou des jardins de ce canton, qu'ils étoient *en Richebourg*, *in divite Burgo*; c'eſt pourquoi on en avoit donné le nom à cette rue, & plus ſouvent encore à celle d'Orléans.

Il y avoit autrefois quelques Hôtels remarquables dans cette rue : j'ai vu qu'Anne, Comteſſe de Forebelle, en poſſédoit un que ſon père avoit acheté en 1221. Les Comtes de Forez en avoient acheté un de l'Abbaye de Ste Géneviéve,

---

(*h*) Sauval, tom. 3, p. 69. | (*i*) Tom. 1, pag. 133.

en 1321 , moyennant 200 liv. (*k*); il paſſa , en 1371 , dans la Maiſon de Bourbon , par le mariage d'Anne , Dauphine d'Auvergne & Comteſſe de Forez, avec Louis II , Duc de Bourbon. Enfin Hugues d'Arcies en occupoit un dans cette rue, qu'il vendit , en 1378 , à Roger d'Armagnac.

RUE DE LA FONTAINE. Elle conduit de la rue d'Orléans à la Place du Puits-l'Hermite. Sauval (*l*) met au rang des rues qui ne ſubſiſtent plus , ou qui ſont inconnues, *la rue Jean Meſnard , appelée depuis Jean Mollé*; cependant le Cenſier de Ste Géneviéve indique , en 1646 , *la rue Meſnard, aliàs Jean Mole*. De Chuyes, la Caille & autres la nomment *Jean Mol* & *Mole*; les Plans de Boiſſeau, de Gombouſt, & tous ceux qui ont paru depuis, nous la repréſentent ſous le nom de la Fontaine, qu'on lui donnoit au milieu du ſiécle paſſé. Elle doit ce nom à une grande maiſon ſituée au coin de cette rue, qu'on appeloit *la grande Fontaine.*

RUE FRANÇOISE. Elle aboutit d'un côté à la rue de la Clef, & de l'autre aux rues Gratieuſe & du Noir. Dans les Titres de Ste Géneviéve elle eſt nommée , en 1588, rue Françoiſe, autrement dite *la Clef*; & en 1603 rue *Françoiſe , autrement dite le Clos du Chardonneret ou Villeneuve S. René*; & dans un autre endroit du même Terrier *rue Françoiſe , autrement dite le carrefour du Puits-l'Hermite* (*m*). On voit par-là qu'elle a été quelquefois confondue avec la rue de la Clef, & même avec

---

(*k*) Sauval, t. 2 , p. 66.
(*l*) Tom. 1, pag. 180.

(*m*) Terrier de Ste Géneviéve, 1603 , fol. 320 & 330.

la rue Gratieufe. On lui a donné le nom qu'elle porte, parce qu'elle a été ouverte fur le champ ou clos d'Albiac, vers la fin du régne de François I.

RUE DES FRANCS-BOURGEOIS. Elle aboutit d'un côté au Cloître S. Marcel, & de l'autre à la rue de Fer. Ce nom peut lui venir de ce que les habitants de la ville S. Marcel étoient exempts de payer les taxes auxquelles les Bourgeois de Paris étoient impofés, ainfi qu'il fut décidé par Arrêt du Parlement de la Touffaint 1296, qui déclara que le territoire de S Marcel ne faifoit point partie des Fauxbourgs de Paris.

L'ÉGLISE COLLÉGIALE DE S. MARCEL. L'incertitude où les anciens Hiftoriens nous ont laiffés fur la véritable origine de cette Eglife, a mis lès modernes dans le cas de fe livrer à de vaines conjectures : ils ont tous répété, après Corrozet (*n*) & du Breul (*o*), que c'étoit une Chapelle dédiée par S. Denys fous l'invocation de S. Clément ; que S. Marcel y fut inhumé (*p*), & que Roland, Comte de Blayes, neveu de Charlemagne, la fit rebâtir & dédier fous le nom de S. Marcel. Tous ces faits ne me paroiffent appuyés que fur une fimple tradition dénuée de preuves, qui s'eft perpétuée faute de monuments propres pour la détruire.

Il eft certain que S. Marcel, Evêque de Paris, fut enterré en ce lieu vers l'an 436 ; mais je n'ai point trouvé qu'il y eût là une Chapelle ni

---

(*n*) Liv. 2, fol. 112 v°   —Hift. de Paris, t. 1, p. 19.
(*o*) Pag. 392.   —Hift. Eccl. Parif. t. 1, p. 566.
(*p*) Baillet, au 3 Novembre.

un Cimetière public , comme l'ont avancé les
Hiftoriens que je viens de citer ; j'obferverai feulement que la coûtume des Romains , qui fubfiftoit encore alors , étoit d'enterrer les morts
hors des Villes & fur les grands chemins , & que
le lieu de la Sépulture de S. Marcel eft fur le
bord de celui qui conduit en Bourgogne. Les
Chrétiens purent enfuite édifier une Chapelle ou
Oratoire fur fon tombeau. La dévotion des Pa-
rifiens , que ce faint Evêque avoit édifiés par fes
vertus & inftruits par fes lumières , & le concours
de peuple que fes miracles attiroient en ce lieu,
obligèrent d'y faire bâtir des maifons , qui formèrent un Bourg que Grégoire de Tours appelle fimplement le Bourg de Paris , *vicus Pa-
rifienfis Civitatis* (*q*).

Si Sauval (*r*) , trop prévenu en faveur de M. de
Launoi , a indiftinctement adopté toutes fes idées
fur nos anciennes Eglifes ; fi , fans autre garant
que les affertions de ce Critique , il s'eft cru permis d'avancer que l'Eglife S. Marcel a été la première Cathédrale , je crois qu'on ne me taxera
pas de témérité de rejetter cette opinion , comme
étant deftituée de toute vraifemblance & de toute
vérité. En fuppofant même , quoique fans preuve , que S. Denys y ait célébré nos faints myf-
tères , il n'en réfulte point que cette Chapelle , qui
feroit antérieure à S. Marcel de plus de 150 ans,
ait été ni la première Cathédrale , ni l'*Ecclefia fenior*
dont parle Grégoire de Tours (*s*) ; car , fous ce
titre , on peut également entendre une vieille,

(*q*) De Glor. Confeff. cap.　(*s*) De Glor. Confeff. cap.
89.　　　　　　　　　　105.
　(*r*) Tom. 1, pag. 257.

une ancienne Eglise, & l'Eglise Mère, ou la Cathédrale, comme l'explique M. de Launoi (*t*). Je ne pense pas non plus, comme M. Piganiol (*u*), que l'endroit où est située l'Eglise S. Marcel fût un Cimetière destiné pour les Evêques & pour les Clercs, comme celui des Moines, qui étoit placé où sont aujourd'hui les Religieuses S. Magloire, & celui du peuple, qui est aux Innocents. Il n'ignoroit pas que Prudence, prédécesseur de S Marcel, avoit été inhumé sur la montagne, & à l'endroit où l'on bâtit, au siécle suivant, l'Eglise de S. Pierre & de S. Paul, nommée depuis Ste Généviéve. Si les Evêques & les Clercs avoient eu un lieu particulier pour leur sépulture, il est à présumer que c'eût été plutôt dans ce dernier endroit que sur un autre côteau beaucoup plus éloigné, & séparé du Fauxbourg par la rivière de Biévre, tel qu'est l'emplacement de l'Eglise S. Marcel. Je conjecture que ce saint Evêque pouvoit avoir une maison de campagne en cet endroit, & que peut-être il y mourut. Les Romains étoient souvent enterrés dans leurs jardins, ou sur le grand chemin près de leurs maisons, & cet usage s'étoit conservé sous les premiers Rois de la Race Mérovingienne. Il est du moins certain que les Evêques de Paris ont souvent demeuré depuis au Cloître S. Marcel. On trouve plusieurs Actes qui sont datés de cet endroit, & anciennement on lisoit l'inscription *Domus Episcopi* sur la porte de la maison affectée au Doyen de S. Marcel.

Dans cette supposition, l'on aura bâti un Oratoire sur la Sépulture de S. Marcel. La dévotion

---

(*t*) De Vet. Basil. cap. I.　　(*u*) Tom. 5, pag. 223.

aura porté les Parisiens à faire construire, au même lieu, des habitations qui formèrent un Bourg assez considérable. Un Mémoire manuscrit m'apprend qu'on l'appeloit *Chambois* ou *Champboi*, & qu'il étoit qualifié de Baronnie-Pairie. Sous le régne de Charlemagne, on aura reconstruit & agrandi cette Chapelle, à laquelle on aura donné le nom de S. Marcel. La Caille & l'Auteur *des Tablettes Parisiennes* placent cette époque en 768 : je n'ai point vu de Titres qui la fixassent à cette année ; les Historiens de Paris la reculent jusqu'au régne de Louis le Débonnaire.

C'est apparemment la même tradition dont j'ai parlé, qui fait honneur de cette reconstruction à Roland, ce paladin fameux, plus connu par les livres de Chevalerie, que par l'Histoire qui ne nous apprend pas même s'il est jamais venu à Paris, & qui se borne à nous dire qu'il fut tué par les Gascons lors de la défaite de l'arrière-garde de l'armée de Charlemagne, dans la vallée de Roncevaux, en 778 (*x*).

Quoi qu'il en soit, il est certain que l'Eglise de S. Marcel existoit au commencement du IX^c siécle, puisqu'il en est fait mention dans l'Echange (*y*) qu'Etienne, Comte de Paris, & Amaltrude sa femme firent, en 811, avec le Chapitre Notre-Dame. Dom Félibien (*z*), M. Piganiol (*a*) & autres assurent que cette Eglise fut d'abord desservie par des Moines : ils se fondent sur une Charte de Charles le Simple, de l'an 918 (*b*),

---

(*x*) Eginhard. Vita Car. magni. Duchesne, t. 2, p. 97.

(*y*) Hist. Eccl. Parif. tom. 1, p. 304.

(*z*) Hist. de Paris, t. 1, p. 19.

(*a*) Pig. loc. cit. sup. —Cal. hist. p. 482.

(*b*) Hist. de Paris, tom. 3, pag. 12.

par laquelle ce Prince confirme la reſtitution & la donation faite par l'Evêque Théodulphe aux *Frères* de S. Marcel, de pluſieurs maiſons ou métairies (*manſos*) ſituées autour de leur *Monaſtere*. Ils auroient pu citer encore la Bulle de Benoît VII, de 980, ou environ (*c*), par laquelle ce Souverain Pontife met au nombre des conceſſions faites à l'Egliſe Notre-Dame, *l'Abbaye* de S. Marcel, dont il confirme la poſſeſſion à Elyſiard, Evêque de Paris.

1º J'ai remarqué ailleurs que le terme de Monaſtère, *Monaſterium, Cœnobium*, ne ſignifioit point privativement un Couvent de Moines, & qu'on l'a ſouvent employé pour déſigner une Egliſe Collégiale, & même une Paroiſſe. Dans une Charte du Roi Robert (*d*) on lit: *Dilecti noſtri ex Monaſterio ſanctorum Apoſtolorum Petri & Pauli & ſanctæ Genovefæ Virginis Canonici*, &c. & dans un Cenſier de cette Abbaye, du milieu du XIIIᵉ ſiécle (*e*), l'Egliſe de S. Pierre aux Bœufs eſt déſignée ſous le même nom, *Monaſterium ſancti Petri ad Boves.*

2º J'ai obſervé auſſi que le nom de *Frères* s'appliquoit aux Chanoines & aux Prêtres qui vivoient en commun, ainſi qu'aux *Religieux* ; & qu'on trouve ſouvent dans les Actes les Chanoines de la Cathédrale nommés *les Freres* de Sᵗᵉ Marie, quoique cette Egliſe ne fût pas deſſervie par des Religieux.

3º Que le nom d'*Abbaye* a ſouvent été donné à des Egliſes où le Service ne ſe faiſoit que par

---

(*c*) Hiſt. Eccl. Pariſ. tom. 1, pag. 553. —Gall. chr. tom. 7. Inſtr. col. 20.

(*d*) Archiv. de Sᵗᵉ Génev.
(*e*) Cenſier de 1248, fol. 37.

des Prêtres féculiers ; il eft aifé de le prouver par la Bulle même de 980, que j'ai citée, puifqu'elle énonce, fous le titre d'*Abbayes*, plufieurs Eglifes qui ne l'ont jamais été, dans le fens qu'on leur donne aujourd'hui.

4° Enfin on ne trouve aucun Acte qui faffe mention des Moines de S. Marcel, ni du temps auquel on leur auroit fubftitué des Chanoines. Le Titre même produit par Dom Félibien ne laiffe aucun doute fur l'exiftence des Chanoines à S. Marcel. Dans la copie de la Charte de Charles le Simple, de 918, fe trouve la confirmation qui en fut faite, en 1046, par Henri I, à la prière d'Imbert, Evêque de Paris. Après leurs fignatures fe lifent celles de Lifierne, Doyen (de la Cathédrale), d'Hubert, Doyen, &c. Or, on ne peut pas préfumer que cet Hubert fût Doyen d'une autre Eglife que de celle de S. Marcel; ce qui ne laiffe plus lieu de douter que dès-lors cette Eglife ne fût Collégiale. Cependanr nos Hiftoriens modernes difent qu'elle ne le devint que vers 1158. Ils n'ont pas fait attention que la Bulle d'Adrien IV, donnée le 7 des Calendes de Juillet, indiction 6, l'an 4 de fon Pontificat, (25 Juin 1158) fur laquelle ils fe fondent, détruit elle-même leur affertion, puifqu'elle confirme aux Frères de S. Marcel la faculté d'élire leur Doyen fuivant *l'ancienne* coûtume : *Statuimus infuper ut fecundum ANTIQUAM & rationabilem Ecclefiæ veftræ confuetudinem, libere vobis liceat DECANUM eligere.* L'Auteur du Calendrier hiftorique, en ne plaçant qu'en 1158 des Chanoines à S. Marcel, ne fe rappeloit pas que dans fa Nomenclature des Doyens de cette Collégiale, il avoit placé Hubert qui vivoit au milieu du

XIe siécle , & Gilbert qui remplissoit cette dignité en 1133 , puisque ce fut en cette année que , de son consentement , Etienne de Senlis , Evêque de Paris , donna à l'Abbaye S. Victor une Prébende dans l'Eglise de S. Marcel , dont elle jouit encore à présent. J'en trouve une autre preuve dans la Bulle d'Innocent II (*f*) , du 7 des Calendes d'Avril (26 Mars) 1137 , qui confirme la Jurisdiction de l'Evêque de Paris sur plusieurs Eglises séculières & monastiques , du nombre & à la tête desquelles est celle de S. Marcel. Il y en a même encore une plus ancienne ; ce sont des Lettres d'Etienne de Senlis , de l'an 1124 (*g*) , qui accorde aux Chanoines de S. Victor le même droit sur les Prébendes vacantes *des Chanoines de S. Marcel* , de S. Germain-l'Auxerrois , de S. Cloud , &c. qu'il leur donne sur celles de Notre-Dame : on voit , par les mêmes Lettres , que cette concession est faite du consentement *des Doyens & des Chanoines* de ces Eglises.

J'ai dit ci-dessus que Théodulphe avoit restitué aux Chanoines de S. Marcel les possessions qu'on leur avoit enlevées. La Charte de Charles III , de 918 , dont j'ai déja parlé , nous apprend qu'Ingelvin , Evêque de Paris , mort en 883 , leur avoit donné quinze maisons près de leur Eglise ; que les calamités qu'occasionnèrent le Siége de Paris & les hostilités des Normands , mirent Anscheric , un de ses successeurs , dans la nécessité de retirer ces maisons & de les donner à un de ses vassaux , & qu'après sa mort Théo-

---

(*f*) Hist. Eccl. Paris. t. 2 , p. 38.

(*g*) Ibid. p. 23.

dulphe non seulement rendit ces quinze maisons, mais y en ajouta encore une de son domaine. Cette propriété de terreins que les Evêques de Paris avoient à S. Marcel, m'a fait présumer que celui-ci pouvoit y avoir eu sa maison de campagne, qui aura depuis appartenu à ses successeurs.

Ce fut vraisemblablement sous l'Episcopat de Gozlin, mort en 886, que la Châsse de S. Marcel fut transportée à Notre Dame, dans la crainte que les Normands ne s'en emparassent; & je crois qu'elle y est restée depuis ce temps, soit qu'on appréhendât de nouvelles incursions de la part de ces Barbares, soit qu'ils eussent pillé ou brûlé l'Eglise où elle étoit déposée : il paroît qu'elle fut rebâtie au XI⁰ siécle, & qu'on n'a fait que la réparer depuis.

Ce fut sous le régne de Louis le Débonnaire que l'Eglise dont je parle, ayant été bâtie sous l'invocation de S. Marcel, on donna son nom au Bourg dont elle étoit environnée ; il fut distingué de celui de S. Médard, dont il étoit séparé en partie par la rivière de Biévre. Un Manuscrit de S. Germain-des-Prés porte que Philippe le Bel, par ses Lettres du mois de Mars 1287, déclara que ce Bourg n'étoit point compris dans les fauxbourgs de Paris. Je crois qu'il y a erreur de copiste dans cette date, & qu'on a voulu parler de l'Arrêt qui exempte les habitants des bourgs S. Marcel & S. Germain-des-Prés, de contribuer au paiement de cent mille livres que les Bourgeois de Paris s'étoient engagés de payer au Roi, pour le rachat d'un denier pour livre imposé sur la vente & sur l'achat de toutes les marchandises qui se vendoient en cette Ville. C'eft cette taxe que les habitants de S. Marcel & de S. Germain-des-Prés refufoient de payer , & dont ils furent déclarés exempts, n'étant point habitants des Fauxbourgs. Cet Arrêt , rendu dans le Parlement de la Touffaint , eft daté de 1296 dans le fecond Regiftre *Olim* , & de 1297 dans du Breul & dans les Preuves de l'Hiftoire de l'Abbaye S. Germain (*h*).

Ce Bourg s'augmenta fi fort dans la fuite, qu'on lui donna le nom de *Ville* ; c'eft fous ce titre qu'il eft énoncé dans les Lettres - Patentes de Charles VI , du 27 Août 1410. On ne doit pas cependant entendre ce terme dans le fens qu'on lui donne aujourd'hui , à ce que prétend l'Abbé Lebeuf (*i*). Le Roi, par fes Lettres-Patentes , confirme l'octroi par lui ci-devant fait aux manants & habitants d'icelle ville de S. Marcel, d'un marché chaque femaine , & de deux foires par an. Les Fauxbourgs s'étant confidérablement augmentés dans le XVe fiécle & les fuivants , le Bourg S. Marcel fut réputé un des Fauxbourgs de Paris , & toujours indiqué fous ce titre. Le Vulgaire l'appelle *S. Marceau.*

Auprès de cette Eglife eft la Communauté des Prêtres qu'on appelle *le Séminaire* , où demeurent les Vicaires deffervants. Dans le fiéc e dernier, ils n'étoient qu'au nombre de fix ; mais , en 1670, M. de Ville , l'un des Chanoines de cette Collégiale , attira quelques Eccléfiaftiques au Cloître S. Marcel ; & , en 1685 , M. Sanciergues , Diacre, y établit , avec la permiffion de M. de Harlai , un

---

(*h*) Du Breul , pag. 326.— Hift. de l'Abb. S. Germ. Pr. | Ch. 107.
| (*i*) Tom. 1, pag. 199.

petit

petit Séminaire. Cet établissement, dont aucun de nos Historiens n'a parlé, fut confirmé par M. le Cardinal de Noailles.

La Jurisdiction temporelle du Chapitre S. Marcel s'étendoit autrefois sur la Ville S. Marcel, le mont S. Hilaire, & partie du fauxbourg S. Jacques : on l'appeloit *la Châtellenie S. Marcel.* Cette Justice fut supprimée & unie au Châtelet, en 1674 ; mais, en 1725, M. Colonne du Lac obtint enfin que le Chapitre auroit la haute Justice dans l'étendue du Cloître, & la moyenne dans tout ce qui compose sa Seigneurie.

Le Chapitre de S. Marcel a la préféance sur les deux autres, qui sont, ainsi que lui, qualifiés de *Filles de M. l'Archevêque.* Il est composé d'un Doyen & de quatorze Chanoines.

L'ÉGLISE S. MARTIN. Elle est située dans le Cloître S. Marcel, & dépend de cette Collégiale ; il en est fait mention sous le simple titre de *Chapelle* dans la Bulle d'Adrien IV, de 1158, que j'ai citée à l'article précédent. Tous nos Historiens (*k*) s'accordent à dire que cette Chapelle fut érigée en Paroisse en 1480. Cette époque n'est pas juste ; ils ont pris la date de la dédicace que M. de Beaumont, Evêque de Paris, en fit le 24 Août de cette année, pour celle de son érection. Le plus ancien Auteur qui en fasse mention est le Continuateur de la Chronique de Sigebert de Gemblours ; il en parle à l'an 1129,

______

(*k*) Sauval, t. 1, p. 432.—Le Maire, t. 2, p. 89.—Hist. de Paris, t. 2, p. 874.—Piganiol, t. 5, p. 227.—La Barre, t. 5, p. 195, &c.

XVI. Quartier. D

& ne la qualifie que de petite Eglife, *Ecclesio!a sancti Martini* : Albéric lui donne le même titre: L'Auteur *des Tablettes Parisiennes* dit qu'elle exiftoit en 1100 ; je ne fais qui a pu lui fournir cette date. Comme il ne la confidére alors que fous le titre de Chapelle, il auroit pu lui donner plus d'antiquité ; car il me paroît vraifemblable que, fuivant l'ancien ufage de conftruire des Chapelles auprès des Bafiliques, on aura fait bâtir celle-ci, & qu'on y aura mis, peu après la reconftruction de l'Eglife S. Marcel, un Prêtre pour la deffervir & pour adminiftrer les Sacrements aux habitants du Cloître. L'Abbé Lebeuf (*l*) dit qu'elle fut érigée en Paroiffe dès l'an 1200, ou environ; il le prouve par le Pouillé de 1220, dans lequel elle eft qualifiée *Ecclefia sancti Martini*, & par celui de 1450, qui fait mention du Curé : *Curatus sancti Martini.*

Le Chœur de cette Eglife fut fans doute reconftruit en 1544 ; car on voit que le 12 Mai de cette année, l'Evêque de Mégare eut la permiffion de le bénir. Elle a été confidérablement augmentée en 1678. Je parlerai ailleurs du facrilége que trois voleurs y commirent, en 1688, en réparation duquel on éleva, au Champ des Capucins, une Croix appelée *de la fainte Hoftie.*

Dans le Cloître S. Marcel, la D^{lle} d'Abra de Raconis avoit acheté une maifon pour y établir un Couvent de Cordelières (*m*) ; elle la donna, fous cette condition, aux Religieufes de cet Ordre, établies rue de Lorcines, par contrat du 13 Décembre 1628. M. l'Archevêque ayant donné

(*l*) Tom. 1, p. 201 & 202. | (*m*) Sauval, t. 3, p. 174.

fon confentement, elles y envoyèrent quelques Religieufes ; mais cette maifon ne s'étant pas trouvée propre pour y placer une Communauté, elles en fortirent peu de temps après, & formèrent un autre établiffement rue de Grenelle, fauxbourg S. Germain : j'en parlerai à cet article.

RUE GAUTIER RENAUD. Elle aboutit d'un côté à la rue des hauts Foffés S. Marcel , & de l'autre au chemin de Villejuive. On chercheroit inutilement cette rue fur les Plans antérieurs à celui que la Caille publia en 1714 ; c'étoit un fimple chemin qui faifoit la continuation de la rue Moufetard , & dont l'Abbé de la Grive , dans fon Plan de 1737, a fait deux rues ; l'une fous le nom de rue *Gobeline*, qu'il fait aboutir aux Gobelins ; & l'autre fous celui de Gautier-Renaud, dont la maifon, fituée en cet endroit, a fait donner le nom à la rue dont il s'agit , qui le porte dans toute fa longueur.

RUE DE LA MONTAGNE Ste GÉNEVIÈVE. Elle commence à la Place Maubert , & aboutit au quarré Ste Géneviève : on la nommoit fimplement rue Ste *Géneviève*, *vicus Genovefeus*, au XIIIe fiécle ; elle eft ainfi nommée dans plufieurs Titres de S. Magloire , en 1266 & 1276. Il y avoit quelques maifons de cette rue qui étoient dans la cenfive de cette Abbaye, Henri I ayant confirmé , en 1033, les donations faites à S. Magloire par Albéric & Menburge fa femme, de plufieurs terres & vignes fituées entre l'Eglife Ste Géneviève & la Rivière de Seine. On l'a nommée enfuite rue *Ste Géneviève la Grant*, *du Mont*, *& de la Montagne Ste Géneviève*. Le Procès-Verbal de 1636 lui donne le nom de rue *des Boucheries*, à cause de plusieurs étaux qu'on permit d'y établir à la fin du XIIᵉ siécle & dans le suivant. L'Abbé de S. Vincent de Senlis avoit son Hôtel en cette rue, en 1380 ; les Abbés de la Couture y avoient aussi le leur vers le même temps.

LE COLLÉGE DE LA MARCHE. Il reconnoît deux Fondateurs, Guillaume de la Marche & Beuve de Winville. Jean de la Marche avoit loué, en 1362, le Collége de Constantinople situé dans le cul-de-sac d'Amboise : Jean Filesac, qui avoit professé dans ce Collége, prétend qu'il avoit été fondé en 1206 ; du Boulai (*n*) n'en fixe l'époque que 80 ans plus tard. Quoi qu'il en soit, il fut convenu que le prix du bail de ce Collége, qui étoit de dix livres par an, seroit employé aux réparations qui étoient urgentes & considérables, & l'Université approuva & confirma cette convention par ses Lettres du 19 Juillet 1362. Ce Collége prit alors le nom de *la petite Marche* ; il n'y avoit plus qu'un seul Boursier, lorsque Jean de la Marche le loua. Guillaume, son neveu, après la mort de ce Boursier, le demanda à l'Université, & l'obtint moyennant une redevance annuelle de 20 liv. dont 14 pour les cens & rentes dont ce Collége étoit chargé, & les 6 liv. restantes pour les besoins des pauvres Ecoliers. Ces conditions sont consignées dans de secondes Lettres de l'Université, du 22 Avril 1374. Guillaume mourut en 1420, & laissa la plus grande partie de ses biens pour l'entretien d'un Princi-

---

(*n*) Hist. Univ. t. 3, p. 10, & t. 4, p. 364.

pal , d'un Procureur & de six Boursiers. Beuve de Winville , son exécuteur testamentaire , acheta , la même année, les maisons que les Religieux de Senlis avoient à la montagne Ste Génevieve, & y fit construire le Collége de la Marche ; ainsi c'est sans fondement que du Breul & Sauval (o) disent que ce fut dans son propre domicile, appelé *l'Hôtel de Janville.* Il fonda aussi un Chapelain & six Boursiers; il leur associa ceux de la petite Marche , & les réunit tous dans le nouveau Collége de la rue de la montagne Ste Génevieve. Tous ces différents arrangements furent approuvés par Jean de la Rochetaillée, Patriarche de Constantinople , Administrateur de l'Evêché de Paris , en 1422, ou le 19 Mai 1423, suivant les Auteurs du *Gallia Christiana (p)* , & autres. Les Lettres de ce Prélat nous apprennent que des six Boursiers fondés par Guillaume de la Marche, il devoit y en avoir quatre de la Marche , dont il étoit originaire, & deux de Rosières aux Salines en Lorraine. Deux fautes d'attention sont échappées à Germain Brice (q) , à Dom Félibien (r), & à M. Piganiol : 1° ils placent la Marche *au Diocèse* de Bar; ce n'est qu'une petite Ville, chef d'un Bailliage du Duché de Bar & du Diocèse de Toul: 2° ils écrivent *Rosiers près Salins* ; cette ville de Salins est en Franche-Comté , au lieu que Rosières aux Salines est en Lorraine, à trois lieues de Nanci. Les Boursiers de la fondation de Beuve de Winville , ou Voinville , doivent être pris des

---

(o) Du Breul, p. 739.—Sauval , t. 2, p. 379.

(p) Gall. Chr. t. 7, col. 145.

(q) Tom. 2 , p. 458.

(r) Hist. de Paris, t. 2, p. 805.

—Piganiol , t. 5 , p. 175.

lieux de Voinville, Buxières & Buxereule, au Bailliage de S. Mihiel. D'autres personnes ont fondé depuis neuf à dix Bourses dans ce Collége. Il est de plein exercice, & a toujours joui d'une réputation justement acquise, que les Professeurs actuels sont jaloux de conserver & de perpétuer. Les deux fondations réunies lui ont fait donner le nom des deux Fondateurs, on l'appelle *Collége de la Marche-Winville.* L'inscription qu'on lit sur la porte, marque qu'il fut fondé en 1402 : cette date ne doit s'appliquer, d'après ce que j'ai dit ci-dessus, qu'à la première fondation faite au cul-de-sac d'Amboise.

LE COLLÉGE DE NAVARRE. Il n'est pas moins célèbre par la qualité de sa Fondatrice, que par le nombre des grands Hommes qu'il a produits. Il doit son origine à Jeanne de Navarre, Comtesse Palatine de Brie & de Champagne, Reine de France & épouse de Philippe le Bel : elle en ordonna la fondation par son Testament, passé à Vincennes le 25 Mars 1304 (V. st.), ratifié & approuvé par le Roi & par Louis son fils aîné, le même jour. Cette Princesse mourut huit jours après, le 2 Avril ; ainsi Belleforest (*s*) n'a pas été exact, en disant qu'elle fit faire ce Collége. On voit, par les Titres qui le concernent, qu'elle y avoit destiné son Hôtel de Navarre, situé rue S. André-des-Arcs, & une somme de 24000 liv. pour faire un fonds de 2000 liv. de rente, que Philippe le Bel prit & dont il assigna le revenu sur les Recettes de Brie & de Champagne (*t*).

(*s*) Cosmogr. fol. 194.   (*t*) Manuscrit de S. Germain-des-Prés, coté 453, fol. 160.

Suivant ce Teſtament, il devoit y avoir dans ce Collége ſoixante-dix pauvres Ecoliers, dont *vingt Ecoliers Enfants, étudiants en Grammaire, trente en Logique & Philoſophie, & vingt en Théologie ou Divinité. Si aura chacun des Grammairiens par ſemaine de ſept jours 4 ſols pariſis, li Artien 6 ſols, & li Théologien 8 ſols.* Les Maîtres devoient avoir double bourſe, les deux Chapelains chacun une bourſe de Théologien, & deux Clercs une bourſe de Grammairien. L'Evêque de Meaux & l'Abbé de S. Denys, Exécuteurs Teſtamentaires de la Reine Jeanne, jugèrent qu'il étoit plus avantageux de vendre l'Hôtel de Navarre, & d'acheter, à la montagne Sᵗᵉ Génevieve, les maiſons & jardins ſur leſquels ils firent bâtir ce Collége. La première pierre de la Chapelle fut poſée le 2 Avril 1309; mais elle ne fut dédiée que le 16 Octobre 1373, ſous le nom de S. Louis. On fit, en 1315, des Statuts pour ce Collége; on augmenta le nombre des Maîtres, des Chapelains & des Clercs; & vers le milieu du ſiécle ſuivant, on admit des Externes & des Penſionnaires, pour profiter des Leçons qu'on donnoit aux Bourſiers. Quelques-unes des Bourſes furent affectées à l'Abbaye de Sᵗᵉ Génevieve, à la Cathédrale, & à la ſainte Chapelle; & en 1635 M. Fayet, Curé de S. Paul, en fonda ſix en faveur des Enfants-de-Chœur de cette Paroiſſe.

Ce Collége ſouffrit beaucoup des troubles arrivés ſous le regne de Charles VI; il fut alors preſqu'entièrement ruiné. Charles VII ordonna, en 1459, de le rétablir; & Louis XI, en 1464, fit exécuter cette Ordonnance. Ses ſucceſſeurs ont honoré ce Collége d'une protection particu-

lière. Charles VIII y vint en 1491, à la Thèfe
de Louis Pinelle, & en 1496 il lui donna 2400 livres pour augmenter la Bibliothéque. Henri III &
Henri IV, au rapport de Matthieu, y firent leurs
études avec le Duc de Guife, & Charles IX
les y alla voir. Louis XIII, comme je l'ai dit
ci-deffus, unit les Colléges de Boncourt & de
Tournai à celui de Navarre, en 1638, à l'effet
d'y établir une Communauté de Docteurs en
Théologie ; & la même année, le Cardinal de
Richelieu y fonda une Chaire pour enfeigner la
Controverfe. Louis XIV, par fes Lettres-Patentes
du mois d'Octobre 1659, enregiftrées le 16 Avril
1660, en fonda une de Théologie morale & de
cas de confcience ; & par d'autres Lettres du 6
Octobre 1683, vérifiées le 26 Novembre fuivant,
il ordonna qu'une Chaire de fondation particulière feroit déclarée de fondation Royale. A l'exemple de fes prédéceffeurs, le feû Roi a honoré
cette Maifon par fes bienfaits : en 1731, il
ordonna qu'une partie des revenus de l'Abbaye
de Fefcamp, alors vacante, feroit féqueftrée au
Bureau des Economats pendant fix ans, & employée aux réparations du Collége de Navarre
& des maifons qui en dépendent ; & par fes Lettres-Patentes du mois de Juillet 1752, enregiftrées au Parlement le 19 Janvier fuivant, il y a
fondé une Chaire pour un Profeffeur de Phy-
fique expérimentale ; ainfi c'eft à jufte titre qu'un
de nos Hiftoriens (*u*), en parlant de la Reine
Jeanne, dit qu'elle fonda le noble Collége de

____

(*u*) Mézerai, tom. 5, p. 534.

Navarre & de Champagne , l'école de la Noblesse
Françoise , & l'honneur de l'Université de Paris.

LE SÉMINAIRE DES TRENTE-TROIS. Il est re-
devable de son Etablissement à M. Claude Bernard , dit *le pauvre Prêtre*, particulièrement connu
par sa grande charité. Il l'avoit souvent exercée
envers quelques Ecoliers qui , par leurs talents
& par leur conduite, annonçoient des dispositions
avantageuses pour l'état ecclésiastique , mais qui
manquoient absolument de tous les secours nécessaires. En 1633 , il en rassembla quelques-uns
dont il fixa d'abord le nombre à cinq , en l'honneur des Cinq Plaies de N. S. ce nombre devint
ensuite égal à celui des Apôtres ; il fut enfin porté
jusqu'à trente-trois, qui est celui des années qu'on
croit communément que Jésus - Christ a passées
sur la terre. C'est de-là que vient le nom qu'on
leur donna *des trente-trois pauvres Ecoliers*. Ils furent d'abord placés au Collége *des Dix-Huit*, ensuite dans celui de Montaigu , & peu après dans
une maison située vis-à-vis, appelée *l'Hôtel de
Marli*. La Reine Anne d'Autriche contribua , par
le don qu'elle fit à ces pauvres Ecoliers de
trente-trois livres de pain chaque jour , à soutenir cet établissement. L'inscription qu'on-voit sur
la porte , constate le bienfait & la reconnoissance ;
car on y lit que *ce Séminaire de la famille de J. C.
fut FONDÉ par Anne d'Autriche , en* 1638. Il ne
prit cependant une forme stable qu'environ vingt
ans après cette époque. Plusieurs personnes charitables entrèrent dans les vues de M. Bernard ,
& , après sa mort, arrivée le 23 Mai 1641 , elles
s'occupèrent des moyens de soutenir cet établis-

sement. Elles achetèrent, pour ces pauvres Ecoliers, par contrat du 7 Mai 1654, l'hôtel d'Albiac, rue de la montagne Ste Géneviève, & le firent diftribuer convenablement. Enfuite elles obtinrent la permiffion des Grands-Vicaires de M. l'Archevêque, pour l'érection de cette Maifon en Séminaire eccléfiaftique, le 13 Juin 1657, & le Roi le confirma par fes Lettres-Patentes du mois d'Avril 1658, enregiftrées le 7 Septembre fuivant, & à la Chambre des Comptes le 30 Décembre 1659 (*x*). Dom Félibien & M. Piganiol (*y*) ont fait quelques fautes dans les dates : ils fixent en 1657 celle des Lettres-Patentes ; ils n'ont pas fait réflexion que ces Lettres étant du mois d'Avril, il n'étoit pas poffible d'y énoncer l'érection du Séminaire, qui ne fut faite que le 13 Juin de la même année : ils placent auffi en 1657 l'acquifition de l'hôtel d'Albiac, quoiqu'elle ait été faite trois ans plutôt, & que l'adjudication par décret foit du 30 Janvier 1655.

L'objet de cette inftitution eft de procurer la fubfiftance & les inftructions à de pauvres Ecoliers François, & même Suiffes, & de les mettre en état d'être promus au Sacerdoce, afin qu'ils puiffent fe rendre utiles, foit dans le Clergé féculier, foit dans les Ordres Religieux : on exige feulement d'eux qu'ils foient nés d'un mariage légitime, point difgraciés de la nature, Clercs tonfurés ou en état de l'être, affez avancés dans leurs études pour pouvoir faire la Philofophie, & affez

---

(*x*) Hift. de Paris, tom. 4, p. 188 & fuiv.

(*y*) Ibid. t. 2, p. 1461.— Piganiol, t. 5, p. 172 & fuiv.

pauvres pour ne pouvoir fubfifter d'ailleurs. Cé Séminaire eft conduit par trois Directeurs pour le fpirituel, & trois pour le temporel, & par un Préfet qui eft à la tête de cette Communauté.

LE COLLÉGE DE LAON. Les changements furvenus dans ce Collége ont donné lieu à nos Hiftoriens de varier fur l'époque de fon établiffement : Corrozet & Belleforeft (*ɀ*) la placent en 1327, & l'on s'eft conformé à cette date dans le Compte rendu au Parlement le 12 Novembre 1763 : Boiffeau la marque, fur fon Plan, en 1339; & l'infcription qu'on voyoit fur la porte de ce Collége en fixoit l'origine à l'an 1314. Il eft cependant certain qu'il fut fondé en 1313, par Gui, Chanoine de Laon & Tréforier de la fainte Chapelle, ainfi qu'il eft prouvé par les Lettres de Philippe le Bel, données à Paris au mois de Janvier 1313 (*a*) : elles nous apprennent que Gui de Laon & Raoul de Prefle s'unirent enfemble pour fonder ce Collége. Le premier donna 100 l. de rente amortie & les maifons qu'il avoit à la rue S. Hilaire (rue des Carmes), & non en la rue Frémantel, comme le difent Corrozet & Belleforeft, ainfi que celles qu'il avoit, ou pourroit avoir, entre cette rue & celle du Clos-Bruneau, dite aujourd'hui *S. Jean de Beauvais*. Le fecond donna, de fon côté, 200 liv. de rente, & ils fe réfervèrent chacun la difpofition & adminiftration de leur Collége, qu'ils deftinèrent pour

---

(*ɀ*) Corrozet, fol. 105 v°. —Bellef. Cofmogr. p. 197.

(*a*) Hift. Univ. Parif. tom. 4, p. 167.—Du Breul, p. 666.

de pauvres Ecoliers des Diocèses de **Laon** & **de** Soissons. Quelques différends étant survenus depuis entre ces Boursiers, il fallut les séparer en 1323, & former deux Colléges ; celui de Laon occupa les logements de la rue du Clos-Bruneau, où est aujourd'hui le Collége de Lisieux qui a remplacé celui de Beauvais. Le Collége de Soissons ou de Presle eut le terrein qui donnoit sur la rue S. Hilaire, à la charge de 24 liv. de rente envers celui de Laon. En 1327, Gui de Laon établit un Principal, un Chapelain & seize Boursiers : c'est sans doute ce nouvel arrangement qui a déterminé Corrozet & l'Auteur du *Compte* ci-dessus cité, à ne placer la fondation de ce Collége qu'en cette année. Enfin, en 1339, Gérard de Montaigu, depuis Avocat-Général au Parlement, légua aux Ecoliers de ce Collége sa maison appelée *l'Hôtel du Lion d'Or*, rue de la Montagne Ste Généviève (*b*). Belleforest dit, je ne sais sur quel fondement, qu'ils furent transférés, en 1389, en la rue de Navarre par François de Montaigu, Chanoine de Soissons (*c*). Il y a des preuves que cette translation se fit le 8 Octobre 1340, & que Foulques de Chanac permit, en 1342, de célébrer dans la Chapelle du nouveau Collége. On trouve encore qu'au mois de Juillet 1378, Charles V accorda aux Ecoliers de Laon, demeurants au Mont Ste Généviève, des Lettres d'amortissement pour la fondation d'une Chapelle dans ce Collége, faite par Adée de

----

(*b*) Le Maire, t. 2, p. 484.　|　(*c*) Cosmogr. p. 197.
—Hist. de Paris, t. 1, p. 525.

Cerni, veuve de Jean le Bel, Epicier & Bourgeois de Paris.

M. Piganiol, en parlant de ce Collége, (*d*), dit « qu'il eſt aſſez *extraordinaire* que dans un » *auſſi petit* eſpace de terrein que celui qu'occu- » pent le Couvent des Carmes & le Collége de » Laon, il y eût deux maiſons différentes qui » s'appelaſſent *la Maiſon du Lion* & *l'Hôtel du* » *Lion.* » Il ajoute « que cela eſt *ſingulier*, ſans » être abſolument impoſſible. » J'avoue que je ne trouve rien de *ſingulier*, encore moins d'*extraordinaire*, dans ce fait. On donnoit aſſez ſouvent le nom d'Hôtel à un corps de logis de 2 ou 3 toiſes de face : une petite maiſon voiſine & dépendante d'une grande, portoit la même enſeigne, comme nous voyons encore aujourd'hui que les grands Seigneurs ont un petit Hôtel à côté du grand qu'ils occupent, & que tous les deux portent leur nom. La maiſon que Philippe le Bel donna aux Carmes, pouvoit être, & étoit réellement ſéparée de l'Hôtel du Lion d'Or ; d'ailleurs, depuis cette conceſſion, antérieure de trente ans à celle qui avoit été faite au Collége de Laon, il eſt très-poſſible que la maiſon de Gérard de Montaigu ait eu cette enſeigne, ſi elle ne l'avoit pas auparavant. Ainſi je ne vois rien de *ſingulier* ni d'*extraordinaire* dans ce fait, ſi ce n'eſt le raiſonnement de M. Piganiol.

Quant à la *petiteſſe* du terrein ſur laquelle cet Auteur ſe fonde, ſon étonnement eût ceſſé, s'il l'eût meſuré ſur un Plan de Paris ; il auroit vu

____

(*d*) Tom. 5, pag. 169.

qu'il contient environ 2000 toifes en fuperficie, & que, lors de l'établiffement des Carmes, il y avoit encore deux maifons & un Collége entre eux & l'Hôtel du Lion d'Or. Ce Collége étoit celui de DACE, dont aucun de nos Hiftoriens ne nous apprend la fondation. Du Breul (e) a conjecturé qu'elle étoit due à Hugues Darfy, Evêque de Laon, qui vivoit en ce temps-là : il s'eft fondé fur quelque conformité du nom de cet Evêque avec celui de Dace ; mais cette conjecture ne mérite aucune attention ; car le Collége de Dace exiftoit avant que Hugues d'Arci fût au monde. C'eft du moins ce que je puis inférer d'un Arrêt du 13 Juillet 1384 (f), dans lequel on lit qu'*en 1275 un Docteur du pays de Dace* (de Dannemarck) *donna une maifon pour les Ecoliers du Royaume de Dace, & qu'à titre d'échange & de permutation, ils eurent un autre Hôtel affis emprès les Carmes.* Les Archives de Ste Géneviève ne m'ont point fourni de lumières fur l'origine de ce Collége ; le Cenfier de 1380 fe contente de l'indiquer fous ce titre : *les Ecoliers de Dampnemark, autrement dits du Sueffe, pour leur maifon qu'ils tiennent de Ste Géneviève, fuivant l'accord fait avec l'Univerfité, achetée ci-devant par lefdits de Ste Géneviève de Giles Dupont, tenant d'une part à Jean Dubois, d'autre à l'Hôtel du Châtel-Rouge.* Du Boulai & les Hiftoriens de Paris (g), fans fixer l'époque de la fondation de ce Collége, femblent lui donner une origine plus ancienne : ils la rap-

---

(e) Liv. 2, pag. 670.
(f) Hift. de Paris, tom. 4, p. 535.

(g) Hift. Univ. Parif. tom. 2, p. 385.—Hift. de Paris, tom. 1, p. 179.

portent à la liaison qui se fit entre les Chanoines de Ste Géneviève & les Danois, à l'occasion de la réforme que Guillaume, Sous-Prieur de Ste Géneviève, & trois de ses Confrères, allèrent établir dans l'isle d'Eschil, en 1161, (ou, selon d'autres, en 1171.) Elle donna aux Chanoines de Ste Géneviève occasion de recevoir les Danois, & probablement de leur procurer le logement qu'ils ont eu à la Montagne Ste Géneviève. Quoi qu'il en soit, ce Collége de Dace ou de Dannemarck tomboit en ruine ; & les Carmes, qui se trouvoient logés trop étroitement, avoient proposé à Jean Basse, le seul Boursier qui se trouvoit alors dans ce Collége, d'en faire l'acquisition : ils en obtinrent même la permission du Pape Clément VII, par sa Bulle du 7 Mai 1386, confirmée par Arrêt du Parlement, du 9 Août de la même année (*h*), en vertu duquel ils en furent mis en possession. C'est pourquoi Dom Félibien (*i*) & autres ont dit que la possession de ce Collége étoit demeurée aux Carmes. D'après cette assertion, M. Piganiol (*k*) s'est cru fondé à dire, *qu'il étoit mal-aisé d'entendre ce que les deux Historiens Bénédictins ajoutent ; sçavoir, que le Collége de Laon paya, en 1508, pour sa part du Collége de Dace, huit-cent quatorze livres ; qu'il n'est parlé nulle part de cette acquisition faite par le Collége de Laon, & que les deux Historiens cités ont assuré que la possession du Collége de Dace demeura aux Carmes.* Je ne trouve point ce fait

---

(*h*) Hist. de Paris, tom. 3, p. 224 & suiv.

(*i*) Ibid. tom. 1, p. 357.
(*k*) Loc. cit. sup.

difficile à comprendre. N'a-t-il pas pu se faire
que les Carmes, logés au commencement dans
un lieu *petit & arcté*, aient fait, en 1386, l'acquisition du Collége de Dace, & que, n'ayant
pas besoin de tout l'emplacement qu'il occupoit,
ils en aient cédé le surplus au Collége de Laon ?
Je pourrois fonder cette probabilité sur le témoignage de du Breul & de du Boulai (*l*), qui
disent que cette maison fut vendue en partie aux
Carmes, & en partie au Collége de Laon ; mais
j'avoue que quelques recherches que j'aie faites
à ce sujet, je n'ai pu me procurer tous les
éclaircissements que j'aurois désirés : elles m'ont
seulement mis à portée de savoir que l'acquisition des Carmes éprouva des obstacles de la part
de l'Université, des Chanoines de Ste Géneviève
& du Collége de Laon. Mes Lecteurs, à ce que
je crois, ne me sauront pas mauvais gré de ne
pas entrer dans la discussion des contestations
qui survinrent à ce sujet ; elles ne serviroient qu'à
les ennuyer : j'observerai seulement que les bâtiments du Collége de Dace tombant en ruine,
celui de Laon, joint à l'Université, offrit de le
transférer dans une maison qui lui appartenoit,
dans la même rue ; & qu'enfin, après plusieurs
contestations, il fut fait un échange, le 23 Août
1430, entre les Ecoliers de ces deux Colléges.
On voit par cet Acte, passé sous le scel de la
prévôté de Paris, « que le Collége de Dace étoit
» vuide, vacque, & comme inhabitable ; qu'en

(*l*) Du Breul, pag. 670.—Hist. Univ. Paris. t. 2, p. 385 &
suivantes.

                                        » l'an

» l'an 1429, l'Abbé & le Couvent de S.te Génevieve,
» faute de paiement de certaine rente due sur
» ladite maison de Dace & arrérages d'icelle, la
» firent mettre en criées & subhastations au Châ-
» telet; que les Ecoliers du Collége de Laon y
» formèrent opposition pour la conservation des
» sommes qui leur étoient dues, & que, pour
» en éviter la perte ils payèrent à l'Abbaye de
» S.te Génevieve, tout ce qui lui étoit dû, ainsi
» que tous les frais, mises & dépens, & par ce
» moyen devinrent *Seigneurs & propriétaires dudit*
» *Collége de Dace*; que cependant, pour le bien
» de la paix & pour obvier à toutes altercations
» de procès, ils baillent, cédent, transportent
» & délaissent à toujours, perpétuellement &
» & héréditablement, & promettent garantir aux-
» dits Ecoliers de Dace, pour eux & leurs
» successeurs & ayant-cause, une maison à moitié
» & ses appartenances, assise à Paris contre le
» Petit-Pont, en la rue de la Gallande, & cent
» sols, une fois payés, pour les réparations d'i-
» celle; *& pour ce icelle maison de Dace & ses*
» *appartenances est, demeure & appartient, sera,*
» *demeurera & appartiendra pleinement & absolu-*
» *ment, à toujours, perpétuellement & hérédita-*
blement audit Collége de Laon, &c. » Comment
donc les Historiens que j'ai cités ont-ils pu dire
que les Carmes en sont restés en possession? Ce
ne pourroit être qu'en vertu d'une cession qui
leur auroit été faite par le Collége de Laon,
auquel les Carmes en auroient rétrocédé une
partie en 1508, si l'Acte est véritable; mais on
ne le cite pas.

Le Collége de Laon avoit été fondé pour seize
Boursiers étudians dans la Faculté des Arts; mais

dans la fuite, on y fonda des Bourfes pour des Ecoliers en Théologie & en Médecine. Dans ces derniers temps il étoit compofé d'un Principal, qui réuniffoit à cette place celle de Procureur, de douze Bourfiers Théologiens, du nombre defquels étoient les quatre Chapelains, & de dix-fept Bourfiers Humaniftes & Philofophes. Il a été réuni au Collége de Louis le Grand, ainfi que les autres Colléges fans exercice, conformément aux Lettres-Patentes du 21 Novembre 1763.

RUE DES GOBELINS. Elle aboutit d'un côté à la rue du Fauxbourg S. Marcel, & de l'autre à la rivière de Bièvre, à l'extrémité de la rue des Marmouzets. Sur tous les Plans du fiécle paffé, & même du commencement de celui-ci, elle porte le nom de rue *de Bièvre*; cependant, dès 1636, on l'appeloit rue des Gobelins, & quelquefois depuis, rue *de Bièvre* ou *des Gobelins* : elle doit ce nom à la Manufacture des Gobelins, dont elle eft voifine.

RUE GRATIEUSE. Elle aboutit d'un côté à la rue Coupeaux, & à celle de l'Epée de Bois. Sauval (*m*) dit « que fon premier nom étoit *la* » *Courtoife*, qu'elle en a changé dans le temps » que *courtois* & *gracieux* étoient deux bons fy- » nonymes; mais que depuis que Vaugelas & le » bon ufage ont rejetté *gratieux*, fi cette rue » ne l'avoit pas adopté, il ne feroit plus de mife que chez les Peintres. » Je ne fais où cet Auteur a pris cette anecdote : il y a beaucoup d'af-

____

(*m*) Tom. 1, pag. 139.

finité entre un homme *courtois*, c'eſt-à-dire, poli, complaiſant, & un homme *gracieux* qui eſt affable, agréable ; & ſi l'on a rejetté cette épithète, elle a repris faveur depuis ; mais ni l'un ni l'autre de ces adjectifs ne convient à une rue. Je n'ai trouvé dans aucun des Cenſiers de Ste Géneviève, que celle-ci ait été nommée *Courtoiſe*. Dans le Cenſier de 1646, elle eſt appelée rue *Gratieuſe*, *aliàs du Noir*. Il me ſemble que le premier nom pouvoit venir des deſcendants de Jean Gratieuſe, dont la maiſon étoit ſituée en cet endroit en 1243 (*n*) ; & que le ſecond lui avoit été donné à cauſe de la maiſon de Jacques Pays, Avocat, où pendoit pour enſeigne la Tête noire. On a auſſi confondu cette rue avec celles du Battoir & de la Clef. En y entrant par la rue Coupeaux, on trouvoit à gauche une ruelle nommée *Ste Anne* : elle devoit faire la continuation de la rue d'Ablon, & être la même, ou ſur la même ligne que la ruelle *Denys-Moreau* : celle-ci étoit parallèle à la rue Tripelet. Elles ſont compriſes dans les enclos de Ste Pélagie & de la Pitié.

R**UE DU** G**RIL**. Elle traverſe de la rue d'Orléans à la rue Cenſier. Gombouſt, Bullet, Jouvin, &c. ne la diſtinguent pas de la rue du Battoir, dont elle fait la continuation. Elle n'eſt pas énoncée dans le Procès-Verbal de 1636. Boiſſeau, ſur ſon Plan gravé en 1642, la nomme rue *du Gril fleuri*, qui me paroît être le nom d'une enſeigne. M. Robert, en lui donnant celui de *rue vieille Notre-Dame*, l'a confondue avec une autre ſituée plus bas.

___

(*n*) Cartul. ſanct. Genovef. fol. 1 & 12.

RUE S. HIPPOLYTE. Elle conduit de la rue de Lourcine au carrefour & à l'Eglise S. Hippolyte, qui lui a donné son nom. On voit par le Plan de Dheulland qu'on l'appeloit rue *des Teinturiers* dans sa plus grande partie, à cause des teintures des Gobelins qui se faisoient sur la Bièvre, près de cette rue ; mais, dans sa partie supérieure, elle conservoit le nom ancien de S. Hippolyte. Elle est distinguée sous ces deux noms dans le Procès-Verbal de 1636, & sur le Plan de Boisseau.

L'ÉGLISE SAINT-HIPPOLYTE. On ignore en quel temps fut bâtie cette Chapelle, qui est devenue depuis Eglise Paroissiale : tout ce que nous savons c'est qu'elle dépendoit du Chapitre de S. Marcel, & qu'elle est énoncée en cette qualité dans une Bulle d'Adrien IV, du 26 Juin 1158. La Caille en a inféré qu'elle fut érigée en Paroisse vers ce temps-là ; mais cette date, adoptée par l'Auteur *des Tablettes Parisiennes*, me paroît destituée de toute preuve : on ne feroit peut-être pas mal fondé à porter le même jugement de l'opinion de l'Abbé Lebeuf. *Lorsque le village de S. Marcel,* dit cet Auteur (o), *fut augmenté au point qu'il mérita le nom de bourg, séparé de celui de S. Médard, il fut besoin d'y ériger une Paroisse ; elle existoit au moins dès le milieu du XIIe siécle, ainsi que le témoigne la Bulle de l'an 1158. Mais pourquoi portoit-elle le nom de S. Hippolyte ?* Il en attribue la raison à la dévotion que le Roi Robert avoit

____

(o) Tom. 1, p. 203.

pour ce Saint, dont le corps étoit dépofé à S. Denys. *Comme ce fut*, continue-t-il, *fous la fin de fon regne que l'on recommença à rebâtir l'Eglife de S. Marcel, il eft probable qu'on conftruifit en même temps une petite Eglife pour le Peuple, & que ce Prince obtint quelque Relique de S. Hippolyte, qu'il fit mettre dans la nouvelle Eglife pour lui en faire porter le nom.*

On fe perfuadera facilement, en lifant cet article, que l'Abbé Lebeuf, Ecrivain laborieux & fort éclairé, ne faifoit pas toujours ufage de fes lumières, & que fes opinions n'étoient quelquefois fondées que fur des probabilités, auxquelles il tâchoit de donner la force & le mérite des preuves. Les Chapelles de S. Martin & de S. Hippolyte me paroiffent devoir leur origine à la dévotion des Fidèles, qui, comme je l'ai déja remarqué, étoient dans l'ufage de conftruire des Oratoires dans le voifinage des grandes Bafiliques, auxquelles on les foumettoit. Le fervice fe faifoit dans la grande Eglife ; & ce n'a été que lorfqu'elle s'eft trouvée trop petite pour les Paroiffiens, ou que ceux-ci, par l'agrandiffement de la Ville & des fauxbourgs, s'en font trouvés trop éloignés, qu'on a érigé en aides ou fuccurfales, & même en Paroiffes, les Chapelles bâties fur le territoire de la grande Eglife. Celle dont il s'agit, pouvoit être antérieure au rétabliffement de l'Eglife S. Marcel ; elle a pu être bâtie dans le même temps, ou depuis : mais, dans aucun de ces cas, il ne me paroît pas *probable* que ce fût une Eglife *pour le Peuple.* Il étoit obligé alors d'aller à S. Marcel, fon Eglife mère ; rien ne pouvoit l'en difpenfer, fur-tout eu égard à la proximité. (Il n'y a pas 90 toifes de diftance de l'une à l'autre.) Le titre même dont l'Abbé Lebeuf invoque l'autorité, est totalement contraire à son opinion : *la* PAROISSE *de S. Hippolyte existoit*, dit-il, *au moins au milieu du XII.e siécle, ainsi que le témoigne la Bulle de* 1158.

Cette Bulle confirme les possessions de l'Eglise S. Marcel, & les énonce d'une manière à ne pas s'y méprendre ; les Eglises y sont distinguées par les qualifications qui leur conviennent. Elle nomme *l'Eglise* d'Ivri avec son *Cimetière*, *l'Eglise* de S. Gervais & S. Protais de Vitri avec son Cimetière & les dîmes, &c. Elle fait ensuite mention du bourg S. Marcel & des *Chapelles* qu'on y avoit construites, savoir, celles de S. Martin & de S. Hippolyte, & la *Chapelle* S. Hilaire du Mont. Présumera-t-on que si S. Hippolyte eût été alors une Paroisse, le Pape ne l'eût indiquée que comme une simple Chapelle ? ne lui eût-il pas donné le nom d'*Eglise*, qui lui étoit propre ? n'auroit-il pas fait mention de son *Cimetière* ? Il est vrai que le Pape dit ensuite qu'il n'est permis à personne de bâtir des Eglises *sur les Paroisses* de l'Eglise de S. Marcel ; mais il n'est pas possible d'appliquer cette dénomination aux Chapelles du bourg S. Marcel ; elle ne convient qu'aux cinq Eglises avec leurs Cimetières, c'est-à-dire Paroissiales, qui sont mentionnées dans la Bulle d'Adrien IV. Je crois donc que, loin d'en inférer, comme l'Abbé Lebeuf, que S. Hippolyte fût alors une Paroisse, on en doit conclure tout le contraire.

Si l'origine de cette Chapelle nous est inconnue, nous ne sommes pas plus certains du temps où elle fut érigée en Paroisse ; elle ne l'étoit pas en 1158, comme je viens de le faire voir ; mais elle jouissoit de ce titre en 1220, & il n'y avoit tout au plus que quatre ans, fi l'on s'en rapporte à un Mémoire du Chapitre S. Marcel contre le Curé de S. Hippolyte (*p*), par lequel il paroît que cette Chapelle fut érigée en Paroiffe pour fe conformer à la décifion du IVe Concile de Latran, tenu fous Innocent III en 1215. Le 32e canon de ce Concile ordonne aux Curés de deffervir eux-mêmes leurs Paroiffes, à moins que la Cure ne foit annexée à une Prébende ou à une dignité qui oblige le Curé de fervir dans une plus grande Eglife, auquel cas le Concile lui enjoint d'avoir un Vicaire perpétuel, qui recevra une portion congrue fur le revenu de la Cure. Telle eft l'origine des *portions congrues*. Il me paroît affez vraifemblable de fixer à cette époque l'érection de la Cure de S. Hippolyte.

Rue du Jardin du Roi. Elle commence au carrefour de la Pitié, & finit à celui de Clamart. Comme c'étoit le chemin de la butte, du moulin & du territoire de Coupeaux, on lui en avoit donné le nom. Les Papiers terriers de Ste Génevière, en 1603, la nomment rue *de Coipeaux*; ils la diftinguent de la rue qui s'y joint au carrefour de la Pitié, qu'ils appellent rue *Copeau*. Quoique le Jardin des Plantes médicinales y ait été formé dès 1636, & qu'en conféquence de Chuyes & Bullet l'aient nommée rue du Jardin Royal, cependant Gombouft & Jouvin ne la diftinguent point de la rue S. Victor; ce qui eft une erreur, puifqu'elle eft dans le Fauxbourg, & qu'elle fait la continuation de la rue qui en porte le nom.

______

(*p*) Sauval, tom. 3, pag. 13.

LE JARDIN ROYAL POUR LA CULTURE DES HERBES MÉDICINALES. Germain Brice (*q*) dit que le projet de la culture des Plantes médicinales ayant été formé sous le régne d'Henri IV, & confié aux soins de Jean Robin, celui-ci commença à le faire exécuter au même lieu où il est aujourd'hui ; mais il n'en rapporte aucune preuve, & l'on peut assurer que ce Jardin ne subsistoit pas même en 1626, comme l'avancent le même Auteur & quelques autres (*r*). Il est vrai qu'au mois de Janvier de cette année, Louis XIII accorda des Lettres-Patentes au sieur Hérouard, son premier Médecin, qui furent enregistrées le 6 Juillet suivant, par lesquelles il ordonne qu'il sera construit un Jardin Royal pour y planter toutes sortes d'Herbes & Plantes médicinales, dont il accorde la Surintendance audit sieur Hérouard & à ses successeurs premiers Médecins ; mais le lieu n'étoit point encore désigné : les Lettres-Patentes portent qu'il sera établi *en l'un des fauxbourgs de cette ville de Paris, ou autres lieux proches d'icelle, de telle grandeur qu'il sera jugé propre, convenable & nécessaire.* On voit que ce projet n'eut point alors son exécution : le sieur Bouvard, premier Médecin, & Gui de la Brosse, Médecin ordinaire, jugèrent le terrein de Coupeaux convenable pour cet objet ; il consistoit alors en 14 arpents, y compris la butte qui s'y étoit successivement formée par l'amas des gravois & des immondices qu'on y transportoit anciennement. Cette voirie étoit d'abord au carrefour de Coupeaux, où elle a subsisté jusqu'en 1303, temps

____

(*q*) Tom. 2, p. 374.　|　(*r*) Piganiol, t. 5, p. 249.

où elle fut reculée jusqu'à l'endroit où eſt la Butte. En 1535 on en fit une autre à côté de celle-ci, à l'endroit où eſt aujourd'hui la terraſſe. La voirie des Bouchers étoit au bas de cette dernière : c'eſt à préſent un petit bois & l'emplacement du Café.

L'Abbaye de Ste Géneviève céda cette voirie, en 1599, à MM. de S. Victor : ceux-ci l'échangèrent avec les ſieurs Canaye, qui la vendirent aux ſieurs Voiſin en 1609. Elle ne contenoit alors que deux arpents & un peu plus. Le Roi la fit acheter des héritiers & ayant-cauſe de Philemon Voiſin, par contrat du 21 Février 1633. L'acquiſition des terreins voiſins ne fut faite qu'en 1636. Gui de la Broſſe ayant obtenu, le 15 Mai de l'année précédente, des Lettres - Patentes portant confirmation de l'établiſſement du Jardin Royal, fit conſtruire les logements néceſſaires & les ſalles convenables pour les démonſtrations de Botanique, de Chymie, d'Anatomie & d'Hiſtoire naturelle. Il obtint de M. l'Archevêque, le 20 Décembre 1639, la permiſſion d'avoir une Chapelle : elle fut accordée avec les priviléges dont jouiſſent celles des Colléges de fondation Royale ou particulière.

Il y a trois Profeſſeurs & trois Démonſtrateurs au Jardin du Roi, & un Garde & Démonſtrateur du Cabinet d'Hiſtoire naturelle. L'Intendance fut d'abord annexée à la place de premier Médecin du Roi, enſuite au Sur-Intendant des Bâtiments de Sa Majeſté ; enfin, depuis l'année 1732, elle a été donnée par Commiſſion particulière, ſans être affectée à aucune charge ou dignité.

RUE DE LOURCINE. On devroit écrire & prononcer *Lorcines.* Elle aboutit d'un côté à la rue

Moufetard , & de l'autre à la Barrière , près des Filles Angloifes. L'orthographe de ce nom a bien varié : Sauval (s) écrit *Lourfine*, *l'Ourfine* & *Lorfine* , Corrozet *l'Orfine* , Gombouft & Jouvin *de l'Urfine.* Sauval ajoute « qu'en 1404 on l'appeloit

» *la ville de Lourfine les S. Marcel*, depuis *la rue*

» *du Clos de Ganay*, à caufe du Chancelier de

» Ganay qui y avoit une maifon de plaifance,

» & que quelquefois on la nomme la rue *de*

» *Franchife*, parce qu'étant fituée dans le fief de

» Lourfine qui appartient à l Hôpital de S. Jean

» de Latran , les Compagnons Artifans y peu-

» vent travailler fans que les Maîtres puiffent

les en empêcher. » Dheulland la nomme rue *des Cordelières* ; enfin l'Abbé Lebeuf (t), qui avoit lu les Titres de Ste Géneviève où cette rue eft défignée *in Lorcinis, de Laorcinis*, en 1248 & 1250, & *apud Lorcinos* en 1260, a penfé « que

» ce nom a été fabriqué fur le françois *Lorci-*

» *nes* ; car j'ai vu, dit-il, un Titre de 1245,

» peut être le plus ancien qu'on ait fur ce lieu, où il eft nommé *Locus Cinerum.* » Cette opinion n'eft fondée que fur une conformité de nom : pour lui donner quelque vraifemblance, cet Auteur s'eft livré à une autre conjecture ; il a imaginé « que dans ce quartier-là on avoit décou-

» vert ou tranfporté des terres fabloneufes, pro-

» pres à faire de la poterie, ce qui fe prouve

» en ce que la rue *Solitaire*, qui a fon entrée

» dans la rue dite *des P ftes* par altération, étoit

» autrefois appelée *vicus fancti Severini* , & a

(s) Tom. 1, p. 148.　　|　(t) Tom 1, pag. 159 & 160;
　　　　　　　　　　　　|　tom. 2 , pag. 414.

» depuis été nommée rue *Poterie S. Séverin* ». Je me réserve à detruire cette idée singulière à l'article de ce cul-de-sac de la rue des Postes.

A l'égard du *locus Cinerum*, il est énoncé dans un Cartulaire de Ste Géneviève de 1243 ; il n'a pas été inconnu à l'Abbé Lebeuf, qui l'a cité plus d'une fois. S'il eût voulu le lire avec attention, il auroit vu qu'en la même année & dans plusieurs endroits on trouve *apud Laorcinas*, & *Terra de loco Cinerum*, ce qui dénote deux endroits différents. Le nom de *Laorcinis* me paroît être le plus ancien ; on le trouve dans l'Acte de vente (*u*) que Thibauld le riche & Pétronille sa femme firent, en 1182, aux Frères de l'Hôpital de Jérusalem, d'une grange située *propè ulmum de Laorcinis*. (C'est aujourd'hui l'Hôtel du fief de Lorcines, appartenant à S. Jean de Latran.) Ce nom primitif de *Laorcinis* s'est conservé dans ceux de *Lorcinis* & *Lorcines* ou Lourcine : celui de *locus Cinerum* a subsisté long-temps dans le nom de rue *de la Cendrée*, appelée aujourd'hui Poliveau ou des Sauffaies. (Voyez ci-après cet article.)

LES CORDELIÈRES. La véritable époque de la fondation de ces Religieuses, à Paris, n'est pas bien connue ; nos Historiens se sont contentés de rapporter qu'au mois d'Avril 1270, Thibauld VII, Comte de Champagne & de Brie, Roi de Navarre, établit & dota des Cordelières près de Troyes ; qu'il leur donna des revenus suffisants, & leur fit bâtir un Monastère, dont elles prirent possession en 1275 ; mais que l'endroit qu'elles

---

(*u*) Cartul. sanct. Genovef. fol. 167.

habitoient n'étant ni fain ni commode, elles furent transférées à Paris, au fauxbourg S. Marcel, en 1289. Du Breul (*x*) eft le premier, à ce que je crois, qui nous ait appris ces circonftances ; il ajoute que Gallien de Pifes, (de Poix) Chanoine de S. Omer, fonda les Sœurs de Ste Claire auxquelles, par fon Teftament daté du Mercredi après l'Octave de S. Martin d'hiver 1287, il légua trois maifons qu'il avoit à Lorcines, qui lui avoient coûté plus de 25000 liv. avec un pré & une partie de bois au même lieu, & qu'il pria humblement la Reine Marguerite de Provence, *en faveur de laquelle il avoit fait cette donation*, de vouloir pourfuivre cette affaire ; ce qu'elle accepta volontiers, &c.

M. Piganiol (*y*), en copiant cet article, en infère que Gallien de Poix eft le premier Fondateur des Cordelières ; il ajoute qu'on ne voit pas que cette Reine ait fait d'autre bien à ce Couvent, que d'avoir fait bâtir une maifon qui y tenoit, & où elle fe retira quelques années avant fa mort ; que par fes Lettres, datées du Monaftère des Sœurs Mineures de Ste Claire, près Paris, de l'an 1294, elle leur laiffe cette maifon avec toutes fes dépendances, à condition de ne la pouvoir vendre ni donner, & d'en laiffer la jouiffance à Blanche fa fille, fa vie durant. Ces faits font certains ; mais il n'eft pas également conftant qu'on doive faire à Gallien de Poix l'honneur de la fondation dont il s'agit : il feroit cependant bien naturel d'ajouter foi au récit de M. Piganiol qui cite, pour garant, Guillaume

---

(*x*) Du Breul, p. 397 & fuiv. | (*y*) Tom. 5, pag. 231.

de Nangis, Auteur contemporain ; mais malheu-
reusement on n'en trouvera pas un mot dans la
Chronique de cet Historien ; les expressions même
dont il se sert, semblent prouver le contraire : il
dit (z) que l'an 1295 mourut la Reine de France
Marguerite, femme du très-saint Roi Louis ; &
il ajoute qu'elle avoit *établi & fondé*, à S. Marcel, un Couvent de Sœurs Mineures, dans lequel
elle avoit *long-temps* vécu. *Hæc Parisiis apud san-
tum Marcellum Cœnobium Sororum Minorum, in quo
honestissimè DIU vixit, CONSTITUIT & FUNDA-
VIT.* C'est donc à la Reine Marguerite, & non
à Gallien de Poix, qu'il faut attribuer la fondation des Cordelières : je la crois antérieure à son
Testament, & je soupçonne qu'il y a erreur dans
la supputation de la valeur du legs qu'il fait à
ces Religieuses. Quoique leur terrein soit fort
vaste, & qu'il comprenne la maison ou palais de
la Reine Marguerite avec les jardins & autres
dépendances dont il étoit accompagné, il est
difficile de croire que les trois maisons, le pré
& le petit bois eussent coûté une somme considérable alors, qui revient à cinq cent mille livres
de notre monnoie. On s'en convaincra facilement,
si l'on fait réflexion que tout ce terrein
n'occupoit que l'espace que couvrent aujourd'hui
les maisons & jardins situés entre la rue S. Hippolyte & les bâtiments de ce Monastère.

La fondation des Cordelières doit donc être
regardée comme antérieure au Testament de Gallien de Poix ; c'est ce qu'ont pensé les Historiens
de la Ville, de l'Eglise & de l'Université de Paris,

____

(z) Spicil. in-4°, tom. II, pag. 591.

les Auteurs du *Gallia Chrifliana*, Corrozet, Mézerai, &c. (*a*) Comment préfumer en effet que Gallien de Poix eût donné, en 1287, fes maifons à des Religieufes qui, felon du Breul & autres, ni font venues qu'en 1289; &, fi ce n'eft qu'une fondation future, ordonnée par fon Teftament, foupçonnera-t-on qu'il ait chargé Marguerite de Provence de l'exécution, & que cette Reine ait attendu deux ans pour remplir un devoir *qu'elle avoit accepté volontiers?* N'eft-il pas plus probable que cette fondation étoit déja faite, & que, par les termes du Teftament de Gallien de Poix, on ne doit entendre autre chofe, finon qu'il laiffa fes maifons pour augmenter l'enclos du Monaftère & les revenus des Religieufes qu'il y voyoit établies? On m'objeĉtera peut-être qu'il a fallu un certain temps pour conftruire un Monaftère, une Chapelle, &c. & que l'intervalle entre le Teftament, qui eft du mois de Novembre 1287, & l'arrivée des Religieufes Cordelières de Troyes à Paris, en 1289, n'a pas été trop long pour préparer les lieux réguliers qu'elles devoient habiter. Je répondrai qu'il eft plus vraifemblable que les Cordelières étoient déja établies, qu'on les avoit tirées de Longchamp, où Ifabelle de France, fœur de S. Louis, les avoit fondées, en 1259, & que celles de Troyes n'y vinrent qu'après. Si nos Hiftoriens que je viens de citer ont tous regardé Marguerite de Provence comme la Fondatrice des Cordelières, leur autorité ne doit-elle pas l'emporter fur l'opinion de

---

(*a*) Hift. de Paris, tom. 1, p. 464.—Hift. Ecclef. Parif. t. 2, p. 515 & 516.—Hift. Univ. Parif. t. 3, p. 468. — Gall. Chrift. t. 7, col. 951.—Corrozet, fol. 95 v°.—Mézerai, t. 5, p. 402.

du Breul & de ceux qui l'ont fuivi ? Il eft vrai qu'ils ne fixent pas l'époque de cette fondation. Les Notes manufcrites que Dom Félibien avoit recueillies, & qui fe confervent à l'Abbaye S. Germain-des-Prés, la placent en 1284; du Boulai en parle fous la même date, & j'en ai trouvé la preuve dans les Chroniques manufcrites, connues fous le nom de *Memorial hiftorique de Jean de S. Victor.* Cet Auteur fe fert de ces expreffions : *Hoc tempore cepit fundari & ædificari apud fanctum Marcellum juxta Parifius, Monafterium Sororum Minorum a Rege Philippo & ejus conjuge Regina Maria apud Louvreciennes, in domo qua fuerat cujufdam quondam divitis Clerici nomine Magiftri Galieni* (b). Un peu au-deffous de cet article, la date de 1284 eft écrite en marge; j'en infère que la fondation eft de l'année précédente, parce que Jean de S. Victor en parle immédiatement après avoir rapporté l'arrivée de Jean Cholet, Cardinal, en qualité de Légat en France, en 1283.

A l'égard de la maifon que Marguerite de Provence avoit près de ce Monaftère, & qu'elle donna aux Cordelières en 1294, laquelle y eft aujourd'hui comprife & en forme la plus grande partie, il me paroît que c'eft *le Châtel* que S. Louis avoit en ce lieu, dont il eft fait mention dans différents Actes (c), & que la Reine pouvoit s'être réfervé après la mort de ce Prince, avec d'autant plus de juftice, que c'étoit elle qui l'avoit fait bâtir, ainfi qu'il paroît par les Lettres qui

---

(b) Memor. hift. ex Bibl. Reg. coté 4949, fol. 139 r°. — Manuf. de S. Victor, coté 901.

(c) Sauval, t. 2, p. 181.

conftatent cette donation (*d*). Blanche fa fille,
veuve de Ferdinand de la Cerda, fils aîné d'Al-
phonfe X, Roi de Caftille & de Léon, fut auffi
une des bienfaitrices de ce Couvent ; elle leur
donna la maifon de fa mère, & fit achever l'E-
glife qu'elle avoit commencée. Nos Hiftoriens (*e*)
ont fait quelques fautes en parlant de cette
Princeffe : 1° ils la qualifient de fille aînée de S. Louis ;
celle dont il eft queftion n'étoit que la troifiéme ;
on l'a nommée, en conféquence, Blanche *la Jeune* ;
l'aînée eft morte jeune, & fans avoir été ma-
riée ; celle-ci étoit veuve, & a furvécu à fa fœur
environ foixante-douze ans. 2° Ils difent qu'elle
eft décédée le 7 Juin 1322 ; & M. le Préfident
Hénaut (*f*), ainfi que le marbre qu'on voit près
de fon Maufolée, marquent le jour de fa mort
au 22 Juin 1320. 3° Il y en a qui avancent (*g*)
que Blanche fe fit Religieufe dans le Monaftère
dont je parle, qu'elle y mourut, & y fut enterrée dans l'Eglife, qu'elle avoit fait achever (*h*).
C'eft une tradition confervée chez les Cordelières,
que Blanche s'y fit Religieufe ; mais je ne l'ai
trouvé fondée fur aucune preuve : il eft d'ailleurs certain qu'elle fut enterrée aux Cordeliers,
ainfi que l'atteftent les Regiftres de ces Religieux,
Corrozet & du Breul (*i*), qui rapportent les frag-
ments de fon Epitaphe. Blanche aura peut-être
defiré & ordonné d'être inhumée avec l'habit des

(*d*) Du Breul, pag. 399.—
Hift. de Paris, t. 3, p. 303.

(*e*) Hift. de Paris, tom. 1,
pag. 465.—Piganiol, tom. 5,
pag. 232.

(*f*) Abr. chr. de l'Hift. de
France, t. 1, p. 217.

(*g*) Le Maire, t. 1. p. 493.—
Brice, t. 2, p. 395.

(*h*) Hift. de Paris, & Pigan.
loc. cit. fup.

(*i*) Corrozet, fol. 84 v°.—
Du Breul, p. 521.

Cordelières,

Cordelières, c'étoit une dévotion fort ufitée alors; elle a pu fervir de fondement à la tradition, & à l'opinion de ceux qui l'ont adoptée : mais fa fépulture dans l'Eglife des Cordeliers me paroît lever toute incertitude à ce fujet.

Les Cordelières dont je parle furent inftituées à l'inftar de celles de Longchamp , & fous le titre de *Filles de Ste Claire de la Pauvreté Notre-Dame* : elles font *Urbaniftes* , & ainfi dénommées, *non pas*, comme le dit du Breul (*k*), *pour villoter & ne garder la clôture, mais pour vivre de poffeffions comme ceux qui habitent aux Villes.* Cette étymologie n'eft point admiffible. Ste Claire avoit fondé, en 1212, un Ordre pour les Perfonnes de fon fexe , fur le plan de celui que S. François d'Affife avoit inftitué pour les Hommes : cet Ordre étoit d'une auftérité qui paroiffoit furpaffer les forces humaines ; & la pauvreté abfolue de ces Religieufes , qui ne vivoient que d'aumônes , les avoit fait nommer *les pauvres Dames.* Dix ans après la mort de cette Sainte, arrivée le 11 Août 1253 , le Pape Urbain IV crut devoir adoucir la règle de cet Ordre ; il permit aux Religieufes de poffé der des biens fonds. Celles qui fe maintinrent dans l'obfervance du premier Inftitut, font appelées *Clariffes* ou *Religieufes de Ste Claire* : telles font les Filles de l'Ave-Maria, les Capucines, &c. Les autres , qui ont embraffé la règle mitigée par Urbain IV , en ont retenu le nom d'*Urbaniftes.* L'Eglife de celles qui donnent lieu à cet article fut dédiée, fous l'invocation de S. Etienne & de Ste Agnès, le 25 Janvier 1356. Les troubles oc-

_____

(*k*) Pag. 397.

XVI. Quartier. F

cafionnés par la prifon du Roi Jean, & la crainte des fuites de cet événement obligèrent les Cordelières de fe réfugier dans la Ville : les malheurs de la Ligue les mirent deux fois dans la néceffité de prendre le même parti ; &, le 17 Juillet 1590, les Troupes d'Henri IV, qui s'étoient poftées dans ce Monaftère, le pillèrent & le détruifirent en grande partie. La guerre civile les força encore, en 1652, de l'abandonner ; mais elles y rentrèrent au mois d'Octobre de la même année.

Cette Maifon a d'abord été régie par des Abbeffes perpétuelles. Dans un Chapitre Provincial, tenu à S. Quentin au mois de Mai 1629, il fut ordonné qu'à l'avenir elles feroient triennales. Ce titre fut fupprimé en 1674 ; & des Prieures, qu'on choifit tous les trois ans, ont fuccédé aux Abbeffes.

L'HôTEL ZôNE, & par corruption *l'Hôtel Jaune.* Sauval (*l*) dit qu'on tient par tradition qu'un Commandeur de S. Jean de Latran, curieux de porter fes pas jufqu'à la Zône torride, fit bâtir cet Hôtel, & le donna à fa Commanderie. Les Hiftoriens de Paris (*m*) fe font contentés de le nommer : M. Piganiol (*n*) a copié Sauval. Je ne fais fur quoi cette tradition, dont on ne parle plus aujourd'hui, a pu être fondée ; elle me paroît démentie par l'Acte que j'ai cité ci-deffus. C'eft la vente que firent en 1182, Thibault le Riche & Pétronille fa femme aux Frères de l'Hô-

---

(*l*) Tom. 2, pag. 271.
(*m*) Tom. 1, pag. 201.

(*n*) Tom. 5, pag. 231.

pital de Jérufalem, d'une grange près de l'Orme de Lorcines, qu'Etienne de Tournai, Abbé de Ste Géneviève, leur permit de tenir en main-morte, à la charge du cens, des dixmes & de la Juftice. Le Cartulaire de cette Abbaye (*o*), dans lequel cet Acte eft infcrit, contient auffi la re-connoiffance d'Anfellus, Prieur de cet Hôpital. On voit dans celui de 1243, *fol.* 6, que l'Hôpital de S. Jean de Latran devoit 20 fols de cens pour ce qu'il poffédoit à Lorcines. Quoiqu'en 1445 l'Abbaye Ste Géneviève ait cédé le cens & la Seigneurie aux Chevaliers, M. Piganiol (*p*) n'a pas dû avancer, comme il a fait, que la rue de Lourcine eft fituée dans le fief de S. Jean de Latran, puifque toute la partie de cette rue, depuis la rue Moufetard jufqu'à la traverfe, eft dans la Seigneurie & cenfive de Ste Géneviève. Il s'eft également trompé, en difant que la rue de Lourcine eft en partie dans le Quartier de la Place Maubert, & en partie dans celui de S. Benoît : elle fait entièrement partie du premier, dans lequel il rapporte lui-même la Déclaration du 12 Décembre 1702, qui l'y comprend inclufive-ment.

L'Hôtel dont je viens de parler, s'appelle au-jourd'hui *l'Hôtel du Fief*, c'eft-à-dire, du Fief de S. Jean de Latran : il a communiqué la fran-chife dont il jouit à plufieurs Maifons qui en dépendent, fituées dans cette rue & dans celles des Bourguignons, des Charbonniers & des Lionnois.

(*o*) Cartul. fanct. Genovef.   (*p*) Tom. 5, pag. 230.
fol. 107 & 203.

L'Hôpital de Lourcine. Je ne me rappelle point qu'aucun de nos Historiens soit entré dans quelque détail sur l'Auteur, le temps & l'objet de cette fondation : Sauval (*q*) parle de deux Hôpitaux près de S. Médard, & à la rue de Lourcine : *l'un*, dit-il, *dédié à S. Martial & à Ste Valére*, *l'autre s'appeloit l'Hôtel-Dieu S. Marcel ; mais on n'en fait pas davantage.* Du Breul (*r*) indique *un Hôpital de S. Marcel fondé par la Reine Marguerite de Provence, veuve du Roi S. Louis, qui se nommoit anciennement l'Hôpital de Lourfine, prenant le nom de la rue où il est situé.* J'ai lu dans un Mémoire manuscrit (*s*) qu'il fut fondé peu après les Cordelières ; ce qui paroît confirmer l'opinion de du Breul, adoptée d'ailleurs par plusieurs Historiens. Il est certain qu'au siécle suivant il appartenoit à Guillaume de Chanac, Evêque de Paris & ensuite Patriarche d'Alexandrie ; ce qui lui avoit fait donner le nom d'*Hôtel-Dieu du Patriarche.* J'avois pensé en conséquence qu'on avoit pu qualifier ainsi un lieu assez vaste & voisin de celui-ci, qui a également appartenu à M. de Chanac, & qu'on nomme encore aujourd'hui *la Cour du Patriarche* (Voyez ci-après rue Moufetard.) ; mais il n'y a pas lieu de douter que ce ne soient deux maisons différentes : celle-ci est ainsi désignée dans le Papier terrier de Ste Géneviève, de l'an 1380, à l'article du Cens des Treilles ; rue de Lorfines, *maison à Raoult d'Opute tenant à l'Hôtel-Dieu du Patriarche... l'Hôtel-*

(*q*) Tom. 1, pag. 508, & t. 2, p. 382.
(*r*) Liv. 2, pag. 401.

(*s*) Bibl. de S. Germain-des-Près.

Dieu du Patriarche, qui font plufieurs maifons à M. Guillaume de Chanac. On voit par la fuite de l'article, qu'elles alloient jufqu'à la traverfe qui fubfifte encore dans la rue de Lourcine, & qu'elles aboutiffoient aux Champs. L'Abbé Lebeuf (*t*) s'eft donc trompé en difant que *ce feroit remonter bien haut* l'origine de l'Hôpital de Lourcines, *que de l'attribuer à Guillaume & à Foulques de Chanac... qui ont gouverné l'Eglife de Paris depuis l'an* 1333 *jufqu'en* 1349. C'eft auffi fans fondement que l'Auteur *des Tablettes Parifiennes* ne place l'érection de cet Hôpital qu'en 1515, fous le nom de *Ste Valére.* L'Abbé Lebeuf cite une Collation de cet Hôpital faite le 10 Avril 1515, mais il ne s'enfuit pas que fon exiftence n'ait commencé qu'à cette époque. Je ne fais quand on lui donna le nom de S. Martial & de Ste Valére ; mais il eft affez vraifemblable que ce fut fous l'Epifcopat de Guillaume de Chanac ou de Foulques fon Neveu, tous deux Limoufins de naiffance, & portés à augmenter le Culte d'un faint Evêque de Limoges & d'une Vierge qui fouffrit le martyre dans cette Ville.

Cet Hôpital fut fans doute abandonné dans le fiécle fuivant, ou deftiné à d'autres ufages ; car on voit dans les Regiftres du Parlement, qu'il avoit été *naguères* occupé par Pierre Galland, lorfque la Cour ordonna, par fon Arrêt du 25 Septembre 1559, qu'il feroit faifi & mis en la main du Roi, & que les malades affligés du mal vénérien y feroient logés, nourris, panfés & médicamentés.

____

(*t*) Tom. 2, pag. 416.

Dès l'année 1576, Nicolas Houel, Marchand Apothicaire & Epicier, avoit demandé la permission d'établir un Hôpital *pour un certain nombre d'Enfants Orphelins qui y seroient d'abord instruits dans la piété & les bonnes lettres, & par après en l'état d'Apothicairerie, & pour y préparer, fournir & administrer gratuitement toutes sortes de médicaments & remedes convenables aux Pauvres honteux de la Ville & des Fauxbourgs de Paris.* Il demandoit à cet effet que Sa Majesté abandonnât ce qui restoit à vendre de l'Hôtel des Tournelles. Le dessein du sieur Houel fut agréé du Roi, qui, le 22 Octobre de la même année, donna son Edit pour la fondation de la Maison de Charité proposée. Mais on crut plus convenable de placer cet établissement dans la Maison des Enfants-Rouges, comme étant le lieu que l'on jugeoit le plus propre à cet objet, ainsi qu'il résulte du Procès-Verbal du 18 Avril 1577, fait par les Commissaires que le Roi avoit nommés à cet effet. Soit que le terrein qu'occupoit l'Hôpital des Enfants-Rouges ne fût pas propre pour l'objet que le sieur Houel s'étoit proposé, soit que cet emplacement ne fût pas assez vaste pour deux établissements de cette nature, il fut ordonné, par Arrêt du 2 Janvier 1578, que le nouvel Hôpital du sieur Houel seroit transféré dans celui de *Lourcine, désert & abandonné par mauvaise conduite, tout ruiné, les Pauvres non logés, & le Service divin non dit ni célébré.* Le sieur Houel y fut installé le 12 Avril suivant. Il y fit une dépense assez considérable, fit construire une Chapelle, & acheta vis-à-vis un terrein fort étendu, qu'il destina pour la culture des plantes médicinales, tant nationales qu'étrangères. Ce terrein a été depuis agrandi par l'acquisition des maifons & jardins des fieurs Hinfelin & Petit des Landes. (C'eft aujourd'hui le Jardin des Apothicaires.)

La Maifon dont je parle eft indiquée dans tous les Titres qui la concernent, fous le nom de *la Charité Chrétienne.* La mort du fieur Houel occafionna quelques changements dans cet Hôpital, & dans la deftination des revenus qu'on y avoit affeétés. Henri IV crut qu'il feroit plus convenable d'y placer les Officiers & Soldats bleffés à fon fervice. On trouve, dès le commencement de l'année 1596, un Réglement à ce fujet ; & par fes Edits de 1597, 1600 & 1604, ce Prince ordonna que les pauvres Gentilshommes, Officiers & Soldats eftropiés, vieux ou caducs, feroient mis en poffeffion de la Maifon de la Charité Chrétienne, & qu'ils y feroient reçus, nourris, logés & médicamentés. Les difpofitions que Louis XIII fit en leur faveur, & dont je parlerai ci-après, (Voyez le Château de Bicêtre.) permirent d'employer cet Hôpital à d'autres ufages pieux : il a été fucceffivement occupé par plufieurs petites Communautés de Filles qui n'ont pu fe maintenir. Il fut uni à l'Ordre de S. Lazare, ainfi que les autres Hôpitaux abandonnés : il en a été enfuite diftrait & remis à M. l'Archevêque qui l'a donné à l'Hôtel-Dieu, lequel en jouit aujourd'hui. La Chapelle qui, comme je l'ai dit, étoit fous l'invocation de S. Martial & de Ste Valére, ne fubfifte plus. Sauval (*u*) fait mention d'une Communauté de Filles de S. Ildéfonfe, qui fut placée dans cette rue, à l'Hôtel de Ste Barbe ;

(*u*) Tom. 1, pag. 696.

il n'en dit rien de plus , & je n'ai rien trouvé qui la concerne , ni le temps dans lequel elle y fut établie , ni quand elle a été supprimée.

RUE MAQUIGNONE. Elle commence à la rue des Sauſſaies , & finit au Marché aux Chevaux: ſon nom eſt dû aux Maquignons qui ſe rendent à ce Marché. Quoiqu'elle fût percée dès le milieu du ſiécle paſſé , le plus ancien Plan où je l'aie trouvé nommée , eſt celui que le ſieur Nolin publia en 1699.

RUE DU MARCHÉ AUX CHEVAUX. On donne ce nom à la Place où ce Marché ſe tient deux fois la ſemaine. Dans le ſiécle dernier, les chevaux & les cochons s'y vendoient le Mercredi. Le ſecond Marché aux Chevaux ſe tenoit le Samedi , dans l'endroit qui forme aujourd'hui en partie le jardin des Capucines. Lorſque M. de Fourci , Prévôt des Marchands , fit adoucir la pente de l'Eſtrapade & des Foſſés S. Victor , on plaça au Marché aux Chevaux l'inſtrument de ce ſupplice deſtiné aux Soldats , & qu'on a ſupprimé depuis pluſieurs années.

Le terrein qui donne lieu à cet article s'appeloit anciennement *la Folie Eſchalart.* Le ſieur Jean Baudouin avoit obtenu , au mois de Décembre 1627 , des Lettres du Roi qui lui permettoient d'y transférer le Marché aux Cochons, lequel ſe tenoit alors au même lieu que celui aux Chevaux , près la Porte S. Honoré : ces Lettres furent enregiſtrées le 28 Août 1629. Cette tranſlation éprouva des obſtacles , mais ils furent levés par de nouvelles Lettres du 22 Mai 1639, qui , malgré les oppoſitions qu'on y forma , furent vérifiées le 7 Septembre 1640. Il fut ordonné, par cet Arrêt, que le lieu deftiné à ce Marché contiendroit quatre arpents, qu'il feroit entouré de murs, & que l'Impétrant feroit paver les rues par lefquelles on y pourroit entrer. Au mois d'Avril fuivant, le fieur Baranjon, Apothicaire & Valet-de-Chambre du Roi, obtint la permiffion d'établir au même endroit un Marché aux Chevaux, le Mercredi de chaque femaine ; ce qui fut confirmé, du confentement du fieur Baudouin, par Arrêt du premier Septembre 1642. Ce dernier Marché a toujours fubfifté depuis en cet endroit.

RUE DES MARMOUSETS. Elle aboutit d'un côté à la rue S. Hippolyte, & de l'autre à celle des Gobelins : elle portoit ce nom dès 1540, & il étoit dû à une enfeigne. Vers le même temps, on l'appela rue *des Marionnettes* : la Caille lui donne encore ce nom. Dans un Terrier de 1539, on la trouve indiquée fous celui *des Mariettes* ; je crois que c'eft une faute de Copifte.

LA PLACE MAUBERT. Elle eft fituée au bas de la montagne Ste Géneviève. Le Maire & M. Piganiol (*x*) ont paru adopter une opinion populaire qui s'eft répandue, fuivant laquelle cette Place doit fon nom à Maître Albert Groot (c'eft-à-dire *grand*, en allemand), célèbre Dominicain, qui, ne trouvant point de falle affez vafte pour contenir le nombre infini de fes auditeurs, prit le parti de donner fes leçons dans la Place publique, qu'en

____

(*x*) Paris ancien & nouveau, t. 2, p. 18 ; & t. 3, p. 323 —
Piganiol, t. 5, p. 145.

conféquence on appela *Place de Maître Albert*, & par contraction, de *Malbert* & *Maubert*. L'Abbé Lebeuf (*y*) & l'Abbé Ladvocat (*z*) prétendent que ce nom vient d'un Evêque de Paris, appelé Madelbert, à qui, fuivant les apparences, cette Place appartenoit, & que les anciens Manufcrits la nomment *Platea Madelberti*. Je n'ai lu aucun des Manufcrits cités par l'Abbé Ladvocat, qui ne les a point indiqués. Ce n'eft certainement pas dans le Cartulaire de Sorbonne qu'il a trouvé ce nom; car cette Place y eft nommée *Platea Mauberti* (*a*). Ceux de Ste Géneviève de 1225, 1243 & 1248, lui donnent la même dénomination. D'ailleurs il ne me paroît pas, comme le dit l'Abbé Lebeuf, que de Madelbert, ou plutôt Madalbert, on ait fait par abbréviation Maubert : j'ajouterai que pour lui faire donner ce nom avec plus de vraifemblance, il eût fallu prouver que le terrein qu'elle occupe, appartenoit à cet Evêque en tout ou en partie. Je crois qu'il eft plus naturel d'en attribuer l'origine à Aubert, fecond Abbé de Ste Géneviève. Cette Place étoit dans la cenfive & Juftice de cette Abbaye ; ce ne fut que dans le XIIe fiécle qu'on bâtit des maifons entre la Montagne & la Rivière ; & l'Abbé Aubert permit de conftruire des étaux de boucherie en cet endroit, au lieu que l'Evêque Madalbert étoit mort vers le milieu du VIIIe fiécle, & par conféquent plus de 400 ans avant que ce terrein fût couvert d'édifices. Je ferai voir ailleurs que le clos Mauvoifin ou de Garlande, qui confine à cette Place, ne fut bâti qu'en 1202.

(*y*) Tom. 1, pag. 190 & 191.
(*z*) Dict. hiftor. au mot *Albert*.

(*a*) Cartul. Sorb. fol. 37 v°, & 140.—Gall. Chrift. tom. 7, col. 734.

RUE DU PAVÉ DE LA PLACE MAUBERT. Elle commence au bout de la rue de la Bucherie , & aboutit à la Place dont elle porte le nom. Sauval (*b*) dit que Cénal, qui a latinifé le nom de nos rues , l'appelle *via Stramentaria*; & l'Auteur *des Tablettes Parifiennes* , en copiant cet article , traduit ce nom par celui de rue *du Chaume*. Ils fe font trompés tous les deux ; c'eft la rue du Fouare que Robert Cénal nomme *via Stramentaria* , *aliàs Phyfica Academia*. Le Traducteur auroit du préférer le mot de Feurre ou Fouare à celui de *Chaume* , qu'on n'a donné ni à l'une ni à l'autre de ces deux rues. On trouve quelquefois celle-ci fous le nom de rue *d'Amboife* , à caufe de l'Hôtel & cul-de-fac d'Amboife; mais mal-à-propos.

Le *cul-de-fac d'Amboife* devoit fon nom à un Hôtel ainfi appelé , qu'on y avoit bâti , & que cette famille a confervé jufqu'au milieu du XIVe fiécle. J'en ai parlé ci-deffus à l'article du Collége de la Marche. On prétend que peu après la prife de Conftantinople , en 1204 , on s'occupa des moyens de réunir les Eglifes Grecque & Latine , & qu'un de ceux qui parurent les plus propres , fut d'envoyer des Profefeurs à Conftantinople , & d'en faire venir de jeunes gens qu'on feroit étudier à Paris : on ajoute qu'en conféquence on fonda , en 1206 , un Collége qu'on nomma *le Collége Grec* ou *de Conftantinople*. Cette opinion eft plaufible , mais elle eft deftituée de preuves : on n'en trouvera pas davantage pour appuyer

______

(*b*) Tom. 1 , pag. 155.

celle de Sauval (c), qui dit *que sous Urbain V,
qui tint le Siége depuis 1352 jusqu'en 1362, le
Cardinal Capoci fonda, à la rue d'Amboise, un
Collége que quelques-uns nomment le Collége de Conftantinople, d'autres de Ste Sophonie, d'autres de
Ste Sophie, &c.* Il eſt certain qu'Urbain V ne fut
élu Pape que le 28 Octobre 1362, que le Col-
lége de Conſtantinople exiſtoit alors, qu'il n'y
avoit plus qu'un Bourſier, & que Jean de la
Marche le prit à loyer, & fit confirmer cet accord par l'Univerſité le 19 Juillet de cette année,
jour auquel Innocent VI occupoit encore le Siége
Pontifical, n'étant mort que le 12 Septembre ſuivant. Dès ce temps, la rue d'Amboiſe n'étoit qu'un
cul-de-ſac ; on l'appeloit rue *ſans bout, vicus ſine
capite, ſive ſine buto, vulgariter d'Amboiſe* : c'eſt
ainſi qu'elle eſt indiquée dans les Lettres de Jean,
Patriarche de Conſtantinople, du 27 Décembre
1422 (d).

RUE NEUVE S. MÉDARD. Elle traverſe de la
rue Moufetard à la rue Gratieuſe : ſon ancien
nom eſt rue *d'Ablon*, & Corrozet l'a mal appelée
rue *neuve d'Aberon* ; elle n'étoit pas encore nommée lors de la première édition de ſes *Antiquités de Paris.* Le nom d'Ablon vient de celui du
territoire où elle eſt ſituée, connu dès le XIIe
ſiécle. Dans les Titres de l'Abbaye Ste Géneviève,
il eſt fait mention des vignes d'Ablun ; en 1189,
elle y percevoit deux muids de vin. Ce territoire eſt indiqué auſſi ſous le même nom dans
des Lettres de Maurice de Sulli, Evêque de

(c) Tom. 2, pag. 355. | (d) Hiſt. Univ. t. 4, p. 372.

Paris, en 1191 : il fut couvert de maifons vers la fin du régne de François I. Je n'ai point trouvé de veftiges de l'Hôtel d'Ablon , d'où Sauval (*e*) dit que cette rue tire fon nom , & qui, felon lui, exiftoit au commencement du XVIe fiécle. Ce lieu ne fut d'abord habité que par des gens de la lie du peuple, dont les mœurs & la conduite révoltèrent le Public , & fcandaliférent fi fort les voifins , que, non contents du reméde qu'on avoit apporté à ces defordres , ils demandèrent qu'on en éteignît jufqu'au fouvenir , en donnant un autre nom à la rue où ils s'étoient commis. Elle fut appelée rue neuve S. Médard, parce qu'elle aboutiffoit à la rue Gratieufe, qu'on a quelquefois nommée rue S. Médard. Elle eft indiquée fous ce dernier nom dans une Déclaration au Terrier de Ste Géneviève en 1589.

Rue du Petit-Moine. Elle aboutit d'un côté à la rue Moufetard, & de l'autre à celle de la Barre. Si l'on s'en rapportoit au Plan de S. Victor, gravé par Dheulland, on croiroit qu'elle n'avoit point de nom particulier ; elle y eft fimplement nommée rue *Neuve* : cependant elle portoit alors le nom de rue du Petit-Moine, qu'elle devoit à une enfeigne ; elle eft marquée fous ce nom dans les Déclarations rendues, en 1540 (*f*), par les Chanoines de S. Marcel au Terrier du Roi , & par leurs Cenfitaires. La Caille fait mal-à-propos aboutir cette rue à celle du Fauxbourg S. Victor.

____

(*e*) Tom. 1 , pag. 107.　la Bibl. du Roi , t. 24, 1er cahier.
(*f*) Recueil de Blondeau, à　hier.

RUE MOUFETARD. Elle commence à la rue Contrefcarpe, au bout de la rue Bordet, & finit aux Gobelins. Quelques Nomenclateurs la bornent au Pont aux Tripes, & depuis cet endroit jufqu'aux Gobelins ils la nomment rue *du Fauxbourg S. Marcel.* Il eft vrai que Sauval (*g*) dit qu'elle s'appeloit *S. Marcel* en 1552, & que fur le Plan de Dheulland elle eft nommée *grande rue du Fauxbourg S. Marceau*; cependant tous les Titres l'énoncent fous le nom de la rue Moufetard. C'eft à l'ignorance des Copiftes, ou à la façon de prononcer ce nom, qu'il faut attribuer toutes les variantes de *Monfétart*, *Maufetard*, *Mofetard*, *Moufetart*, *Mouflard*, *Moftart*, *Moftart*, &c. Sauval & ceux qui l'ont copié difent que, dès 1239, elle portoit le même nom qu'elle porte aujourd'hui. On feroit bien embarraffé d'en donner la preuve. Ce n'étoit, au XIIIe fiécle, qu'un chemin qui traverfoit un territoire que les Titres de ce temps-là nomment *Mons Cetarius* & *Mons Cetardus*. Le Cartulaire de Ste Géneviève, de 1243 (*h*), contient un article intitulé *Cenfus de Monte Cetardi*, ainfi que le Cenfier de 1248. L'Abbé Lebeuf en a conclu, avec raifon, que le nom de *Mont Cétard* a été altéré & changé en celui de Moufetard. Dans les terriers fubféquents de cette Abbaye, ce nom eft écrit *Montfétard* : il feroit plus naturel, à ce que je crois, d'adopter cette orthographe & cette étymologie, que de l'attribuer à un particulier. Je conviens qu'il y en avoit un

---

(*g*) Tom. 1, p. 151.

(*h*) Cartul. fanct. Genovef. fol. 9, & Cenf. fol. 12.

qui s'appeloit Etienne Mouftard (*i*), nommé dans un autre endroit Mouflard, *Mouflarius*, qui posfédoit une maifon *in monte Cetardo*, en 1243; mais la différence des noms prouve affez que le territoire où elle étoit fituée exiftoit fous fa dénomination propre, avant que ce particulier vint y demeurer.

Les noms de rue *S. Marcel*, *grande rue S. Marceau*, & *vieille Ville S. Marcel*, fe donnoient encore à la rue Moufetard, au commencement du fiécle paffé; le Procès-Verbal de 1636, en les indiquant, énonce en même temps que *l'ancien titre & nom de cette rue eft Mouftar*, ce qui n'eft pas exact, ainfi qu'on en peut juger par ce que je viens de dire. Je vois, par différents Titres du XVIe fiécle, qu'il y avoit dans cette rue plufieurs maifons qui aboutiffoient dans la rue *de la Planchette*. Elle n'exifte plus, & je n'ai rien trouvé qui puiffe me mettre en état d'en fixer la véritable pofition.

Tout le territoire de Mont-Cétard étoit partie en vignes & partie en terres labourées; le vignoble qui étoit fitué entre les rues que nous nommons Moufetard & du Jardin du Roi, le long de la rue Copeau, s'appeloit *le Breuil*, *Brolium*.

★ Les Religieuses Hospitalières de la Misericorde de Jésus, dites de S. Julien et de Ste Basilisse. Tous nos Hiftoriens n'ont pas été également bien informés fur l'établiffement de ces Religieufes : l'Auteur *des Tablettes Parifiennes*, ou n'en a pas fait mention dans fa

---

(*i*) Ibid. fol. 9 v°.

Nomenclature, ou l'a confondu avec celui de Notre-Dame de la Miféricorde, dont j'ai parlé ci-deffus à l'article de la rue Cenfier. L'Abbé Lebeuf (*k*) en place vaguement l'époque depuis l'an 1652, rue Moufetard. Enfin le Commiffaire la Marre, fur fon feptiéme Plan, les fubftitue à l'Hôpital S. Marcel, qui n'étoit pas fitué en cet endroit, comme il l'a marqué fur les deux Plans précédents ; & il y figure l'Hôpital de la Miféricorde comme exiftant en 1643, quoique cet établiffement foit poftérieur.

La néceffité de donner un afyle & de procurer des remédes & des fecours aux pauvres Femmes ou Filles malades, avoit déja fait établir la Maifon Hofpitalière dont j'ai fait mention en traitant le Quartier S. Antoine. L'utilité qu'on retira de cet établiffement, fit naître à M. Jacques le Prevoft d'Herbelai, Maître des Requêtes, le deffein d'en former un femblable : il s'adreffa pour cet effet aux Religieufes Hofpitalières de Dieppe ; il leur affura 1500 liv. de rente, par Contrat du 18 Juin 1652, & leur procura une maifon à Gentilli, où elles furent placees la même année, du confentement de M. l'Archevêque. Elles obtinrent, en 1655, des Lettres-Patente qui les autorifoient à le transférer dans les Fauxbourgs S. Victor, S. Marcel, S. Jacques ou S. Michel : ces Lettres font du mois de Juillet, & furent enregiftrées le 29 Février 1656. C'eft fans doute cette date qui a fait penfer à Sauval (*l*) que ces Religieufes avoient été transférées de Gentilli à Paris en 1657 ; mais il eft certain qu'elles y

<hr>

(*k*) Tom. 2, pag. 417. | (*l*) Tom. 1, pag. 596.

demeuroient

demeuroient avant cette époque ; car le Contrat
d'acquifition qu'elles firent du fieur le Bégue de
la Maifon qu'elles occupent, eft du 2 Avril 1653,
& porte qu'elles demeuroient alors au fauxbourg
S. Michel. Cette acquifition confiftoit en deux
maifons accompagnées de cours & de jardins ;
on y conftruifit la Chapelle, les falles & autres
bâtiments néceffaires ; mais, comme ils tomboient
en ruine au commencement de ce fiécle, ils ont
été réparés & augmentés par la libéralité du Roi,
& fous les yeux de M. d'Argenfon, alors Lieu-
tenant-Général de Police. La Chapelle eft fous
l'invocation de S. Julien & de Ste Bafiliffe, dont
on a donné le nom à ces Religieufes.

La Maison du Patriarche. Ce n'eft aujourd'hui qu'une Cour environnée de bâtimens
occupés par des Artifans ; mais elle eft malheureufement connue par l'événement que je rap-
porterai plus bas. Sauval (*m*), que M. Piganiol (*n*)
a exactement copié, dit « que cette maifon ap-
» partenoit à Simon de Cramault, Cardinal &
» Patriarche d'Alexandrie ; qu'elle paffa depuis
» au Cardinal Bertrand, Patriarche de Jérufalem,
» qui la donna au Collége de Chanac. » Je crois
qu'il faut dire tout le contraire ; car Guillaume
de Chanac, Fondateur du Collége de fon nom,
à qui cette maifon appartenoit, eft mort en
1348. Bertrand de Chanac, l'un de fes héritiers,
Patriarche de Jérufalem, qui la donna au Collége de Chanac, eft décédé en 1404 ; & Simon
Cramault, qui fut pourvu de tant de dignités

(*m*) Tom. 2, pag. 257. | (*n*) Tom. 5, p. 210.

fous le régne de Charles VI, étoit, lors de la mort de ce Prince, propriétaire de la Maifon du Patriarche, foit qu'il l'eût acquife à titre de vente, ou à titre d'échange, des Ecoliers du Collége de Chanac. Elle étoit chargée envers l'Abbaye de Sts Géneviève de 3 fols de cens, 3 liv. 4 fols de rente, & de 13 feptiers de vin de dixme, évalués à 2 fols le feptier. On ne fera point furpris d'une redevance auffi confidérable pour ce temps-là, lorfqu'on faura que cette maifon & les jardins occupoient tout le quarré que forment aujourd'hui les rues Moufetard, de l'Epée de Bois, du Noir & d'Orléans. Ce Patriarche ayant ceffé de payer cette redevance, la Maifon du Patriarche fut faifie réellement, & adjugée à Thibauld Carrache, Bourgeois de Paris, par Sentence du Châtelet du 14 Juillet 1443, & paffa, par fucceffion, à M. Etienne Canaye, Confeiller au Parlement. Jean Canaye la poffédoit en 1561, & l'avoit louée à Ange de Caule, Marchand Lucquois : celui-ci la prêta ou la donna à bail aux Calviniftes, qui la deftinèrent pour le lieu de leurs Affemblées, tolérées en vertu de l'Edit de pacification que le Roi leur avoit accordé la même année. Le 27 Décembre, ils y affiftoient au Prêche ; leur Miniftre, étourdi par le fon des cloches de S. Médard qui appeloient les Fidèles à Vêpres, eut l'infolence d'envoyer dire au Curé de faire ceffer de fonner. Le peu d'égard qu'on eut à fa demande fut le fignal du defordre cruel & fcandaleux qui s'enfuivit ; le zèle & le fanatifme fe confondirent ; l'Eglife de S. Médard, dont on avoit d'abord fermé les portes, fut forcée & livrée à la profanation & au carnage. Le lendemain le peuple irrité fe faifit de la Maifon du

Patriarche , brifa la chaire du Miniftre , rompit les bancs , brûla le Prêche , & le feu fe communiqua bientôt aux maifons voifines. L'activité des Magiftrats arrêta les fuites de ce defordre , & le fupplice de quelques coupables mit fin à l'émotion populaire qui l'avoit occafionné. En réparation de ce facrilége on fit , le 14 Juin fuivant , une Proceffion générale de l'Eglife de Ste Géneviève à celle de S. Médard , à laquelle les Cours fouveraines affiftèrent. Jean Canaye , tout innocent qu'il étoit du tumulte arrivé le 27 Décembre , chargea Jacques Canaye fon frère , Avocat , de déclarer au Parlement qu'il abandonnoit cette Maifon & fes dépendances pour les pauvres , & autres œuvres de piété que la Cour ordonneroit , *defirant que la mémoire de ce lieu foit à jamais éteinte & hors de fa famille* (o). Dom Félibien , qui rapporte cet Arrêt , dit (p) *que ce fut peut-être en exécution des offres que Jean Canaye avoit faites , que ce lieu fut vendu à Michel Charpentier , Bourgeois de Paris , qui le jugea propre pour y établir la teinture des draps , qu'il avoit entreprife en vertu d'un Brevet que le Roi lui accorda le 8 Février 1574 , enregiftré le premier Mars fuivant.* Il eft vrai qu'il eft parlé dans ce Brevet *du trafic de la teinture des draps que ledit fieur Charpentier fait au lieu des Canayes , qu'il a acquis au fauxbourg S. Marcel* ; mais je ne penfe pas , comme Dom Félibien , *que ce lieu fût la maifon appelée le Patriarche* (q) : cette affertion ne peut fe concilier avec les Titres. Il ne paroît pas que les

---

(o) Hift. de Paris , tom. 4 , pag. 806.

(p) Ibid. t. 2 , p. 1127.
(q) Ibid. t. 4 , p. 838.

offres de Jean Canaye aient été acceptées; car on trouve dans le Terrier de Ste Géneviève, de 1603, que le 20 Août de cette année Jean Canaye, Maître des Comptes, paſſa Déclaration de ſa Maiſon, dite *le Patriarche.* Dans un Rôle de 1637, & dans le Cenſier de Ste Géneviève, de 1646, cette Maiſon eſt dite appartenir à Demoiſelle Eliſabeth Bourneau, veuve de Philippe Canaye. Au reſte, cette Famille poſſédoit pluſieurs maiſons & jardins dans le fauxbourg S. Marcel, & notamment une près des Gobelins. Je crois que c'eſt d'une d'elles qu'il eſt fait mention dans le Brevet du ſieur Charpentier.

L'ÉGLISE SAINT MÉDARD. C'eſt au ſilence des anciens Hiſtoriens qu'il faut attribuer celui des Modernes, ſur l'origine de cette Egliſe & ſur le temps de ſon érection en Paroiſſe. L'Auteur *des Tablettes Pariſiennes* en place l'époque en 1163: il s'eſt fondé ſans doute ſur ce que l'Abbé Lebeuf dit qu'il en eſt fait mention ſous la dénomination d'*Eccleſia* dans une Bulle d'Alexandre III, du 24 Avril de cette année; mais cette énonciation même prouve qu'elle exiſtoit auparavant, puiſqu'elle fait partie des poſſeſſions de l'Abbaye de Ste Géneviève, qui lui ſont confirmées par cette Bulle (*r*). Sauval (*s*) avance *qu'en* 997, *les Rois Robert I, Henri I, Philippe I, en confirmant les biens, priviléges & franchiſes de l'Abbaye de Ste Géneviève, ſpécifient le Bourg de S. Médard.* M. de la Barre (*t*) & M. Piganiol (*u*), trompés

---

(*r*) Gall. Chriſt. t. 7, Inſtr. col. 242.
(*s*) Tom. 1, pag. 433.

(*t*) Tom. 5, p. 195.
(*u*) Pig. t. 5, p. 212.

par cet Auteur , ont dit la même chofe. J'obferve
que le Diplôme de Robert (dont aucun de fes
fuccefleurs n'a porté le nom) eft fans date. Celui
d'Henri I eft de 1035 : ils font tous deux copiés
dans le Cartulaire de Ste Géneviève , & rapportés dans les Preuves du *Gallia Chriftiana* (*x*).
Sauval ne les avoit certainement pas lus ; car
ni l'un ni l'autre de ces Diplômes ne fait mention
du Bourg de S. Médard. A l'égard de celui de
Philippe I , toutes mes recherches ont été vaines ; je ne l'ai point trouvé.

Je ne crois pas que Sauval (*y*) foit plus exaĉt
dans ce qu'il ajoute, « que le Bourg S. Marcel,
» qui ne confiftoit , dans les premiers temps ,
» qu'en terres labourables , clos & jardins , étoit
» partagé en quatre principaux quartiers , où
» l'on ne commença à bâtir que fur la fin du
» XVe fiécle ; favoir , celui de S. Médard , de
» S. René , de Richebourg & celui de Lourfine , ap-
» pelé *Capellani.* » Si ce territoire n'a été couvert
de quelques maifons que fous les régnes de
Charles VIII ou de Louis XII , pouvoit-on lui
donner le nom de *Bourg* plus de trois fiécles
auparavant ? Des terres labourables , des vignes ,
des clos & jardins potagers exigeoient-ils qu'il y
eût une Eglife Paroifliale en cet endroit, au XIIe
fiécle ? Le Richebourg étoit alors peuplé , & par
conféquent habité. Le Cartulaire de Ste Géneviève,
de 1243 , commence par l'énumération des Cens
qui fe percevoient *in divite Burgo.* Je n'ai trouvé
nulle part que le quartier de Lourcine ait été
appelé *Capellani* ; mais j'ai obfervé qu'il y avoit

(*x*) Tom. 7, Inftr. col. 221. | (*y*) Loc. cit. fup.

des maisons au XIIe siécle, un Couvent de Filles au XIIIe, & un Hôpital au XIVe. Enfin la Ville-neuve S. René, ainsi que je l'ai déja remarqué, n'a porté ce nom que vers la fin du régne de François I, & je n'y trouve point de maisons avant 1540. (Voyez ci-dessus rue du Battoir.) Sauval auroit pu ajouter à ces quatre territoires le clos du Chardonnet, le Breuil, le Mont-Cétard, les Mors-Fosses, les Treilles, Copeaux, Gratart, le *locus Cinerum* ou la Cendrée, les Sauffayes, &c. L'Abbé Lebeuf (*z*) parle encore d'un autre canton situé à S. Médard, appelé *Challoël* ou *Challo*, dont il est, dit-il, fait mention dans les Titres de Ste Géneviéve environ l'an 1250 Il ajoute que ce lieu avoit donné le nom à une porte du Bourg du côté de S. Marcel, mentionnée dans l'ancien Nécrologe de cette Abbaye sous celui de *Porta Chalet apud sanctum Marcellum.* Je ne sais si cet Auteur n'a pas lu avec trop de précipitation les Titres qu'il cite, ou s'ils ont échappé à mes recherches : j'ai trouvé (*a*) que l'Abbaye de Ste Géneviéve possédoit des rentes & des décimes *apud Challiacum* ; mais cet endroit est le village de Chilli. A l'égard de la porte *Chalet*, je ne l'ai vue indiquée que sous le nom de *Porta Galant* (*b*).

Je reviens à l'Eglise S. Médard. Il y a quelque apparence que le Bourg de ce nom se forma sur la gauche de la Bièvre, vers le même temps où celui de S. Marcel s'établit sur la droite ; que l'éloignement où ceux qui l'habitoient se trouvè-

---

(*z*) Tom. 2, pag. 413.   (*b*) Ibid. Cart. de 1243, fol.
(*a*) Cart. S. Genov. fol. 105. | 43.

rent de l'Eglife Ste Géneviève, mit dans la néceffité d'y bâtir une Chapelle, qui fut détruite
par les Normands, & reconftruite lorfque ce
Bourg fut repeuplé. Ce qu'il y a de certain,
c'eft que cette Chapelle ou Egiife étoit deffervie
par un Chanoine de Ste Géneviève, & qu'au XIIe
fiécle on l'appeloit *Viila fancti Medardi* : c'eft
fous ce nom que ce Bourg eft indiqué dans tous
les Titres de cette Abbaye, & en françois fous
celui de *S. Mart, Maart* & *Mard*. A l'article précédent, j'ai parlé de la profanation de cette Eglife
en 1561 ; je dois ajouter ici que les amendes
pécuniaires auxquelles furent condamnés quelques-uns des coupables, furent employées à fon
agrandiffement. En 1586, elle fut augmentée du
Chœur & du Rond-point ; ainfi ce n'eft pas à la
place du vieux Chœur qu'on a bâti le nouveau,
comme l'a dit l'Abbé Lebeuf (c). On y fit, au
fiécle fuivant, quelques réparations & embellif-
femens, & le grand Autel fut reconftruit en
1655.

Les Gobelins, ou la Manufacture
Royale des Meubles de la Couronne.
Le nom de Gobelins eft celui d'une Famille qui
s'eft rendue affez célèbre par la teinture des
laines, fur-tout en écarlatte, pour le faire donner au lieu qu'ils habitoient, à la Manufacture
qu'on y a depuis établie, & à la Rivière qui paffe
en cet endroit, qu'on appelle auffi communément rivière des Gobelins que rivière de Bièvre.
Je ne fais pourquoi tous nos Hiftoriens moder-

____

(c) Tom. 2, pag. 432.

nes (*d*) nous représentent Gilles Gobelin comme le premier de ce nom qui se soit distingué dans cet art, sous le régne de François I. Aux XIVe & XVe siécles, il y avoit des Drapiers & des Teinturiers établis le long de la rivière de Biévre, dont l'eau est propre à la teinture. Jean Gobelin y fit plusieurs acquisitions, & y demeuroit en 1450. Philbert son fils & Denyse le Bret sa femme laifsèrent des biens considérables à leurs enfants, & entre autres dix maisons, jardins, terres, prés & oseroies situés à S. Marcel. Le partage qui en fut fait, est de l'année 1510. Leurs héritiers travaillèrent avec le même succès. Messieurs Canaye s'y établirent ensuite; &, comme je l'ai remarqué, ce fut la maison qu'ils y avoient, & non celle du Patriarche, qui fut vendue au sieur Charpentier en 1574. Il faut remarquer qu'alors, & même long temps après, tous ces Ouvriers travailloient pour le Public, nos Rois ne les ayant point encore attachés spécialement à leur service. Les Manufactures différentes (*e*) qu'Henri IV plaça, au commencement du XVIIe siécle, au Palais des Tournelles, à la rue de la Tisseranderie & aux Galeries du Louvre, & celles des Tapisseries de haute & basse lisse, dont Louis XIII accorda le privilége aux sieurs de Comans & de la Planche, n'eurent rien de commun avec la Maison des Gobelins. M. Gluc, Hollandois, qui avoit succédé à MM. Canaye, y faisoit travailler les plus habiles Ouvriers. Jean Lianfen, dit Jans, Tapissier Haute-Lissier de Bruges, s'y dis-

---

(*d*) Hist. de Paris, Préface. | p. 60.—Piganiol, t. 5, p. 233.
—Brice, t. 2, p. 387.—La Barre, | (*e*) Chronol. Septen. p. 409.

tinguoit avec tant d'avantage depuis 1655, que M. Colbert, qui ne négligeoit aucune occasion d'illustrer son Ministère, en protégeant les Arts & encourageant les talents, crut que le meilleur moyen de perfectionner les ouvrages de cette Manufacture, étoit de la mettre sous la protection spéciale du Roi, & de l'employer uniquement à son service. A cet effet, on acheta, en 1662, toutes les maisons & jardins qui forment aujourd'hui le vaste emplacement des Gobelins. Ce Ministre y fit construire les atteliers & les logements convenables pour les plus habiles Artistes & Ouvriers en tout genre ; il fit donner à cet établissement une forme stable, par Edit du Roi, en 1667, & la direction en fut confiée au fameux le Brun, premier Peintre du Roi. Les ouvrages de toute espèce qui se sont faits & se font encore aux Gobelins, ont toujours passé, à juste titre, pour ce qu'il y avoit de plus parfait.

RUE DE LA MUETTE. Elle fait la continuation de la rue du Fer-à-Moulin, & aboutit au carrefour de Clamart. Le Plan de Gomboust est le premier où l'on trouve cette rue désignée sous ce nom ; il n'y avoit pas alors plus de cinq à six ans qu'elle le portoit : on ne la distinguoit pas auparavant de la rue du Fer-à-Moulin, qui se prolongeoit jusqu'à la Croix de Clamart. J'ignore l'étymologie du nom de la Muette, qu'on a donné à cette rue ; mais je suis bien éloigné d'approuver celle que le Peuple a imaginée, en disant qu'elle le doit au Cimetière qu'on y a placé, attendu que les personnes mortes sont muettes : elle portoit ce nom avant que ce Cimetière y fût situé : il est appelé *de Clamart*, ainsi que la Croix & le carrefour, à cause d'un grand Hôtel bâti vis-à-vis, qui comprenoit toute l'étendue de cette rue jusqu'à celle du Pont aux Biches. Cet Hôtel avoit appartenu au Comte d'Armagnac, ensuite à l'Archevêque de Rheims qui le donna, en 1378, à Philbert Paillard, Président au Parlement, à ce que rapporte Sauval (*f*), qui, par erreur, place cette donation deux cents ans plus tard. Une autre faute de cet Auteur, ou de ses Editeurs, est d'avoir pensé que c'étoit cet Hôtel qui prit depuis le nom d'Orléans, quoique celui-ci subsistât alors sous un autre nom, & que celui de Philbert Paillard n'ait été acquis & réuni à l'autre que dix ans après. (Voyez rue d'Orléans.) En 1423, cette maison s'appeloit *l'Hôtel de Coupeaux*; on le laissa tomber en ruine, & en 1540 il n'en restoit plus qu'un pressoir, des masures, & les jardins qui faisoient partie des dépendances de l'Hôtel d'Orléans. Je ne sais quand il fut acquis par M. de Clamart, dont il prit le nom; mais il le portoit en 1646, suivant le Terrier de l'Abbaye de Ste Géneviève, de cette année : on y énonce *une maison rue du Fauxbourg S. Victor, allant jusqu'au coin de la rue du Fer-à-Moulin, appelé l'Hôtel de Clamart, avec une Saussaye appartenant à Jean de Séve, Seigneur de S. Julien, vers Pont-Livaut.* A l'égard du Cimetière qui est vis-à-vis, ce n'étoit qu'un grand jardin, indiqué au même Terrier, *à la Croix de Clamart, faisant l'encoignure de la rue qui va aux Saussaies.*

RUE DU MURIER. Elle aboutit d'un côté à la

***

(*f*) Tom. 2, pag. 77.

rue Traverſine, & de l'autre à celle de S. Victor.
Sauval (*g*) dit « qu'en 1314 elle avoit nom la
» rue *des Meuriers* & *du Franc-Mûrier*, depuis,
» la rue *Pavée* & *Pavée d'Andouilles*, la rue *du*
» *Meurdrier*, dont avec le temps on a fait la rue
» *du Meurier.* » Ainſi, ſuivant cet Auteur, elle auroit repris le nom qu'elle avoit anciennement
porté. Cela n'eſt pas exact : le premier nom de
cette rue eſt celui de rue *Pavée*, *vicus pavatus*,
qu'on trouve dans les Cartulaires de Ste Géneviève, de 1243 & 1249. On trouve rue *Pavée*
dans tous les Terriers poſtérieurs juſqu'au XVIe
ſiécle ; Guillot l'appelle *Pavéegoire.* L'Abbé Lebeuf (*h*), dans ſa Note, penſe que le mot *goire*
eſt peut-être le ſynonyme d'Andouille, parce que
cette rue a été nommée ainſi. Je conviens qu'elle
eſt déſignée ſous ce nom ſur le Plan de Dheulland, mais c'étoit un ſurnom que lui donnoit le
bas peuple ; car dans tous les Actes elle eſt
nommée *Pavée*, ſans aucune addition. On voit
dans Corrozet que, de ſon temps, elle s'appeloit déja rue du Mûrier. C'étoit dans cette rue
qu'étoit ie Collége des Allemands, dont les Hiſtoriens de la Ville de Paris placent la fondation
en 1353. Il s'étendoit apparemment juſqu'à la rue
Traverſine, puiſque du Boulai, du Breul, M. Crevier, &c. (*i*) avancent qu'il y étoit ſitué. Il y
a cependant des preuves que ce Collége exiſtoit
en 1348 (*k*), & qu'il étoit à la rue Pavée. Le
Terrier de Ste Géneviève, de 1380, énonce, à
l'article de la rue Pavée, *les Ecoliers d'Allemaigne*

(*g*) Tom. 1, pag. 151.
(*h*) Tom. 2, p. 572.
(*i*) Hiſt. Univ. t. 4, p. 328.
—Du Breul, p. 711.—Hiſt. de
l'Univ. t. 2, p. 282.
(*k*) Hiſt. Univ. t. 4, p. 315.

pour leur maifon qui fut jadis Regnaut de Cufances:
le Cenfier de 1540 fait mention , au même endroit , *des Ecoliers de la Province des pauvres Allemands* ; & dans celui de 1603 on indique une
maifon rue du Mûrier , tenant d'une part à la
nation d'Allemagne.

RUE S. NICOLAS. Elle aboutit d'un côté ,
comme la précédente , à la rue Traverfine , &
de l'autre à celle de S. Victor : fon nom eft dû
à l'Eglife vis-à-vis de laquelle elle eft située.
Dans Guillot, & dans plufieurs autres Titres, elle
eft appelée rue *S. Nicolas du Chardonnay* & *du
Chardonneret.* On ne lui donnoit point de furnom
au XIIIe fiécle , & dans le Cartulaire de Ste Géneviève (*l*) , à l'an 1250 , elle eft fimplement
nommée *vicus fancti Nicholai prope Puteum.*

RUE DU NOIR. Elle fait la continuation de
la rue Gratieufe , & aboutit à celle d'Orléans.
J'ai obfervé ci-deffus qu'au milieu du fiécle paffé
l'on donnoit ce nom à la rue Gratieufe , & qu'il
venoit d'une enfeigne de la Tête noire : c'eft
apparemment par cette raifon que Boiffeau la
nomme rue *du More.* Gombouft l'appelle ruelle
du petit Champ , & j'ai remarqué qu'on nommoit
ainfi la rue de l'Epée de Bois : il marque auffi
fur fon Plan une rue parallèle à celle-ci , fous
le nom de rue *des petits Champs,* fans doute parce
que cette ruelle aboutiffoit au petit champ d'Albiac ; mais je n'ai trouvé aucun Titre où ce nom
lui foit donné. Quant à la rue des petits Champs,

(*l*) Cart. fanct. Genov. fol. 29.

qui ne fubfifte plus, il me paroît que c'étoit un chemin que le Public s'étoit fraye fur les ruines des jardins de la Maifon du Patriarche, qui n'a pas fubfifté long-temps. Lès 1646, cette partie qui continue la rue Gratieuie, étoit appelée rue du Noir.

RUE VIEILLE NOTRE-DAME. Elle fait la continuation de la rue de la Clef, & aboutit à celle du Pont aux Biches, entre les rues d'Orléans & Cenfier. Je ne fais pourquoi tous nos Plans de Paris font défectueux en cet endroit; Gombouft & Jouvin ne la diftinguent pas de la rue de la Clef, quoiqu'elle fût connue fous fon nom actuel au commencement du fiècle paffé; de Fer, la Caille & l'Abbé de la Grive la confondent avec la rue du Pont aux Biches: ce dernier, dans un Plan poftèrieur, fait de celle-ci une rue particulière, fous le nom de *l'Orangerie*, quoique celle qui le porte foit fituée plus bas; & l'Auteur *des Tablettes Parifiennes*, qui s'eft conformé à ce dernier Plan de l'Abbé de la Grive, a fait une nouvelle faute, en difant, dans fa Nomenclature, qu'on la nomme auffi *du Gril*; & il a pareillement tranfpofé cette dernière, comme je l'ai dit ci-deffus.

RUE DE L'ORANGERIE. Elle traverfe, ainfi que la precédente, de la rue d'Orléans dans la rue Cenfier. Je viens de dire qu'elle étoit mal énoncée fur le Plan de M. Robert: Rouffel a fait la même faute, en donnant à celle-ci le nom de *vieille Notre-Dame*. Sur prefque tous les Plans, on la trouve nommée rue *des Orangers & des Oranges*. Sur le grand Plan publié par ordre de

M. Turgot, où cette rue est aussi transposée, elle est nommée *ruelle Notre-Dame*, & dans la Caille *petite rue S. Jacques*. L'Abbé de la Grive a fait graver, je ne sais pourquoi, au-dessus de cette rue le mot *Charité* : s'il a eu en vue les Sœurs de la Charité, son inscription est déplacée ; car elles sont établies rue d'Orléans, près S. Médard, & assez loin de la rue de l'Orangerie pour éviter toute ambiguité.

RUE D'ORLÉANS. Elle va de la rue Moufetard à celle du Jardin du Roi. On voit, par les Terriers de Ste Géneviève, qu'elle s'appeloit rue *des Bouliers* & *aux Bouliers*, & quelquefois *de Richebourg*, à cause du territoire où elle étoit située. M. Robert dit qu'elle se nommoit rue *au Bouloir*, en 1163. Quelques recherches que j'aie faites, je n'ai trouvé aucun Titre aussi ancien dans lequel il en soit fait mention : j'ai même quelque peine à croire qu'elle existât alors, le Richebourg couvert de terres labourables, de vergers & de maisonnettes, n'ayant été bâti & orné de jardins que dans le siécle suivant. Tous les chemins ou rues dont il étoit entrecoupé, s'appeloient du nom général du territoire; *en Richebourg, in divite Burgo*. (Voyez rue du Fer-à-Moulin.) M. Piganiol (*m*) a eu raison de dire que cette rue ne prit le nom qu'elle porte aujourd'hui, que depuis que Louis de France, Duc d'Orléans, y eut une maison de plaisance ; mais il s'est trompé en disant qu'elle n'en occupoit qu'une partie. Tous les Titres qui la concernent

____

(*m*) Tom. 5, pag. 211.

& les Terriers de Ste Géneviève prouvent qu'elle s'étendoit jufqu'au Cimetière S. Médard, de-là elle remontoit en droite ligne jufqu'à la rue Cenfier, elle fe prolongeoit enfuite jufqu'à la Bièvre, & le long de cette Rivière jufqu'à la rue Moufetard, remontoit à la rue du Fer-à-Moulin, dont elle occupoit le côté gauche, jufqu'à l'Hôtel dit depuis de Clamart, qui en faifoit alors partie, & qu'on en a féparé depuis, enfin elle redevendoit à la Bièvre qu'elle cotoyoit jufqu'à la rue du Jardin du Roi, & le long de cette rue jufqu'à celle d'Orléans. Ainfi ce qu'on appelle encore aujourd'hui le Fief du Séjour d'Orléans, comprend tout l'efpace renfermé entre les rues d'Orléans, Moufetard, du Fer-à-Moulin, de la Muette & du Jardin du Roi, à la réferve du quarré qu'occupent l'Eglife & le Cimetière S. Médard & les maifons voifines jufqu'à la Bièvre, & du terrein de l'Hôtel de Clamart, qui contient environ foixante toifes quarrées.

J'ai remarqué ci-deffus que cet Hôtel avoit appartenu à Milles de Dormans, Evêque de Beauvais. C'étoit, au milieu du XIIIe fiécle, la maifon de Jean de Mauconfeil ; on l'appeloit alors *l'Hôtel des Carneaux.* Milles de Dormans le vendit 15000 francs d'or, en 1386, à Jean, Duc de Berri, qui le céda l'année fuivante à Ifabeau de Bavière. Cette Princeffe le donna en échange pour le Val de la Reine au Duc d'Orléans fon beau-frère ; il l'augmenta par différentes acquifitions, & entre autres par celle d'un Hôtel voifin que lui vendit Jeanne de Dormans, veuve de M. Paillard, Préfident au Parlement, en 1388. C'eft cet Hôtel, que poffédoit auffi Milles de Dormans, qu'on a depuis appelé *l'Hôtel de Cla-*

mart. Le Séjour d'Orléans paffa enfuite dans la Maifon d'Anjou-Sicile. Louis II, Roi de Sicile, le poffédoit au commencement du XV⁰ fiécle. On voit dans les Regiftres de la Chambre des Comptes, que le 8 Mai 1424, il fut donné par manière de provifion à M. Jean le Clerc, Chancelier de France; il revint enfuite à fes anciens maîtres, puifque Marguerite d'Anjou, femme d'Henri IV, Roi d'Angleterre, s'y retira peu après la mort de ce Prince. Il fut réuni à la Couronne après la mort de Charles IV d'Anjou, neveu & fucceffeur du Roi René, qui avoit inftitué, en 1482, Louis XI, Roi de France, fon héritier univerfel. Ce Prince donna le Séjour d'Orléans, au mois de Juin 1483, à Jacques Louet, Thréforier des Chartes, pour en jouir fa vie durant, ainfi qu'il eft conftaté par les Mémoriaux de la Chambre des Comptes (n). J'ai fous les yeux un Mémoire manufcrit fur cet Hôtel, qui porte, qu'après Yfabeau de Bavière il fut poffédé par Claude de Lorraine, Duc de Guife, qui en a joui jufqu'en 1540, qu'il l'échangea avec Jean-Jacques de Mefme, Lieutenant-Civil, pour la Seigneurie de Malaffis. Ce fait eft contredit par le détail dans lequel je viens d'entrer, & par les Cenfiers de Sᵗᵉ Géneviève. Celui de 1540, *fol.* 96 *v⁰*, contient cet article ainfi conçu. « Rue » aux Bouliers, Jean-Jacques de Mefme, Lieu-» tenant-Civil, *au lieu de M. Baudri*, pour l'Hôtel » au Roi de Cecilie, qu'on dit l'Hôtel d'Orléans. » On voit auffi par les Terriers de cette Abbaye, que M. de Mefme tranfmit cet Hôtel à M. du

---

(*n*) Mémor. R. fol. 332.

Mont

Mont S. Jean, son petit-fils, qui en aliéna plusieurs parties vers la rue Sans Chef & celle du Fer à Moulin; qu'en 1544 il en inféoda plusieurs autres, & que ce fut vers ce temps que le cul-de-sac, aujourd'hui rue Censier, fut ouvert, & la vieille rue S. Jacques prolongée jusqu'à la rue Moufetard. Je vois, par d'autres Titres, que le Marquis de Lambert, qui tenoit ce fief du chef de Mlle de Mesme sa femme, le vendit, en 1649, à Nicolas Couverchel, Bourgeois de Paris; & que la Veuve de celui-ci le revendit, en 1663, à l'Abbaye de Ste Géneviève.

✗ LES FILLES DE LA CROIX. La Maison qu'elles occupent fait partie du *petit* Séjour d'Orléans; elles acquirent ce lieu, ainsi que la maison voisine, à titre d'échange, de Dame Marie-Anne Petaut, veuve de M. René Regnaut de Traverfai, par Acte du 13 Juillet 1656, homologué par Arrêt du 2 Juin 1657, ensaisiné le 3 Mars 1665. Cette Communauté y rend à la Paroisse S. Médard des services utiles, par l'instruction qu'elle procure aux pauvres Filles, & par les soins qu'on y prend pour l'éducation des jeunes Pensionnaires que l'on confie à ces Filles. Cet Hospice est sous le titre de Ste Jeanne. Voyez ce que j'ai dit de l'origine de cette Congrégation (Quartier S. Antoine, pag. 66.)

On trouve sur les Plans de Jouvin, de de Fer & de Nolin, une maison près la rue du Gril, sous le titre du *Verbe incarné*. Ce fut sans doute un asyle de peu de durée pour des Religieuses de ce nom, qui s'étoient établies rue de Grenelle, fauxbourg S. Germain, & qui furent supprimées en 1671.

XVI. Quartier.   **H**

RUE DU PAON. Elle conduit de la rue Traverfine à celle de S. Victor. Avant le milieu du XIIIe fiécle, elle exiftoit fous le nom d'*Alexandre Langlois, vicus Alexandri Anglici*, fous lequel elle eft indiquée dans tous les Actes jufqu'au XVIe. En 1540, elle étoit déja appelée rue du Paon ; on trouve dans le Cenfier de Ste Génevière de cette année, un article exprimé ainfi : *Jean le Tac pour fa maifon du Paon* ; ainfi cette rue doit fon nom actuel à cette enfeigne : elle le porte fur le Plan de Dheulland, dans Corrozet, &c. De Chuyes, qui écrit rue *du Pan*, fait auffi mention d'une rue *du petit Pan, aboutiffant à la rue du Pan & à celle de S. Victor* ; je n'en ai aucune connoiffance, & ne l'ai point trouvé indiquée ailleurs.

RUE PERDUE. Elle aboutit d'un côté à la rue des Grands Degrés, & de l'autre à la Place Maubert. Cette rue eft ancienne : Guillot en fait mention, ainfi que le Rôle de Taxe de 1313, & je ne trouve pas qu'elle ait porté d'autre nom. C'étoit dans cette rue qu'étoit la principale porte du Collége de Chanac, dont on a changé l'entrée, & dont j'ai parlé ci-deffus à l'article de la rue de Biévre.

RUE PIERRE-ASSIS. Elle aboutit d'un côté à la rue Moufetard, & de l'autre au carrefour S. Hippolyte. Si l'étymologie de ce nom eft vraie, & qu'elle vienne d'une enfeigne de la Chaire de S. Pierre, c'eft bien mal à-propos qu'on a écrit fur tous les anciens Plans *Quiraffis, Quiracie,*

Qui-Raffis, &c. La Caille lui donne ce dernier nom, ou *Pierre Agis*. Les Auteurs des trois Plans de Paris, publiés en 1720, 1738 & 1753, écrivent *Pierre-Argile*, soit par ignorance, ou pour masquer leur plagiat : ils ne me sauront pas mauvais gré, sans doute, de ne les pas nommer. J'ai déja dit que je pensois que ce pouvoit être cette rue que les Titres appellent *petite rue S. Hippolyte*.

RUE POLIVAU. (Voyez ci-après rue des Saussaies.)

RUE DU PUITS-L'HERMITE. Elle fait la continuation de la rue Françoise, & aboutit à celle du Battoir. On donne ce nom à une petite Place où il y avoit un puits : les Titres & les anciens Plans ne la distinguent pas de la rue Françoise. Dans le Censier de Ste Géneviève de 1603, est énoncée une *maison rue Françoise, près le Puits-l'Hermite, aboutissant au carrefour dudit Puits.* Je ne sais pas l'origine de ce nom ; mais j'ai trouvé qu'au XVIe siécle, Adam l'Hermite avoit une Tannerie & des jardins dans ce Quartier. Il y a bien de l'apparence que cette rue lui doit le nom qu'elle porte, ou à quelqu'un de ses descendants.

Une Communauté de Filles appelées *les Filles de la Créche*, s'étoit établie dans une maison de cette Place, ou carrefour, vers l'année 1656. M. le Cardinal de Noailles l'ayant supprimée, en 1702, y substitua LA COMMUNAUTÉ DES PRÊTRES DE S. FRANÇOIS DE SALES. Ce Prélat avoit approuvé depuis peu cet établissement, formé par M. Witasse, Docteur de Sorbonne, en faveur des pauvres Prêtres de son Diocèse, auxquels la vieilleſſe & les infirmités ne permettoient plus de rendre les ſervices ni de remplir les devoirs que le ſaint Miniſtère exige ; & il l'avoit fait confirmer par Lettres-Patentes du mois de Janvier 1700. Ces Prêtres furent placés, la même année, ſur les Foſſés de l'Eſtrapade, & en 1702 on les tranſféra au carrefour du Puits-l'Hermite, en vertu d'un Décret du premier Mars de cette année. Pour aſſurer leur ſubſiſtance, M. le Cardinal de Noailles leur affecta les biens des Religieuſes de la Crêche ; & comme ils étoient trop modiques, vû le nombre & les beſoins de ces Prêtres infirmes, il fit unir à cette Maiſon la Menſe Priorale de S. Denys de la Chartre, par ſon Décret du 18 Avril 1704. Cette union fut confirmée par des Lettres-Patentes du même mois. Les Religieuſes Bénédictines d'Iſſi ayant été diſperſées en 1751, & leur Abbaye réunie à celle de Gerſi, on donna aux Prêtres de S. François de Sales la maiſon qu'elles occupoient ; ils en prirent poſſeſſion en 1753. Celle du Puits-l'Hermite leur a été conſervée pour ſervir d'Hoſpice.

✠ **La Maiſon de Sainte Pélagie.** Elle eſt deſtinée pour les Filles ou Femmes débauchées que l'autorité des Magiſtrats y fait renfermer, & pour celles qui s'y retirent librement. Les bâtiments deſtinés aux premières ſont appelés *le Réfuge* ; ceux qu'occupent les autres, qu'on nomme *les Filles de bonne volonté*, ſont déſignés ſous le nom de Sᵗᵉ Pélagie. Cet établiſſement eſt dû au zèle, & en partie aux libéralités de Madame de Miramion : elle avoit eſſayé de joindre la douceur à l'autorité, pour retirer du vice ſept à huit Filles dont la conduite étoit ſcandaleuſe. Munie de la permiſſion des Magiſtrats, elle les avoit placées dans une maiſon particulière au fauxbourg S. Antoine, ſous la conduite de deux Femmes pieuſes, propres à faire revenir ces Filles de leurs égarements. Le ſuccès de cet eſſai l'encouragea, & lui inſpira le deſſein de faire ériger une Maiſon publique deſtinée à ces retraites involontaires. Madame la Ducheſſe d'Aiguillon & les Dames de Farinvilliers & de Traverſai entrèrent dans des vues ſi louables, & donnèrent, à ſon exemple, chacune 10000 liv. pour l'exécution de ce deſſein. Le Roi, en connoiſſant l'utilité, donna, au mois d'Avril 1665, ſes Lettres-Patentes pour l'établiſſement *du Réfuge* dans des bâtiments dépendants de la Pitié, & le ſoumit à l'adminiſtration de l'Hôpital général. Ces Lettres furent enregiſtrées le 5 Juin ſuivant. Il n'étoit queſtion alors que des Filles qu'on y renfermeroit par l'ordre des Magiſtrats; mais Madame de Miramion ne crut pas devoir fermer cet aſyle aux Filles qui vouloient mener une vie pénitente, & cela donna lieu à la diſtinction de ces *Filles de bonne volonté*, auxquelles on procura un logement ſéparé. Leur nombre devint ſi conſidérable, que Madame de Miramion ſe vit dans la néceſſité de leur procurer une plus grande maiſon : elle les plaça au fauxbourg S. Germain, dans un endroit qu'avoit occupé la Communauté dite *de la Mère de Dieu*; mais peu après, & à la prière des Adminiſtrateurs du Réfuge, elles y retournèrent. Ce ſecond établiſſement avoit été auſſi confirmé par Lettres-Patentes du mois de Juillet 1691, enregiſtrées le 14 Août de la même année. Ce double aſyle a toujours ſubſiſté depuis. Je dois

H iij

cependant obferver que , malgré la deftination de cette Maifon , l'on y a quelquefois fait enfermer des perfonnes qui n'étoient point coupables de débauche ou de libertinage , mais que des raifons particulières ne permettoient pas de mettre dans d'autres Couvents , ni de laiffer dans la Société.

La rue du Puits-l'Hermite fe prolongeoit , au milieu du fiécle paffé , jufqu'à celle du Jardin du Roi ; mais la néceffité d'augmenter les bâtiments de la Pitié , en a fait fupprimer une partie qu'on a renfermée dans cet Hôpital , comme on avoit déja fait pour la rue ou ruelle Ste Anne , qui étoit parallèle à celle-ci.

RUE DU BON PUITS. Elle aboutit d'un côté à la rue Traverfine , & de l'autre à celle de S. Victor. Son nom eft dû à un puits public qu'on y avoit fait creufer , & n'a pas changé ; ainfi c'eft par erreur qu'elle fe trouve deux fois nommée *du bon Pays* dans la copie d'un Arrêt de 1639. Par cet Arrêt , rendu pour l'enregiftrement des Lettres-Patentes qui ordonnent l'union des Colléges de Boncourt & de Tournai à celui de Navarre , & permettent de fermer cette rue à l'extrémité des maifons du Collége du grand & petit Navarre , il paroît que la rue du bon Puits s'étendoit alors jufqu'à la rue Clopin. Il eft vrai qu'il y a encore dans la rue Traverfine un cul-de-fac fans nom , qui , par fa fituation en face de la rue du bon Puits , annonce affez que cette rue fe prolongeoit anciennement , & qu'elle a été fermée : mais ce cul-de-fac exiftoit long-temps auparavant ; le Cenfier de Ste Géneviéve de 1540 en fait mention , fous le nom de *rue de Fortune.* J'ignore d'où vient ce nom ; tout

ce que j'ai découvert, c'est que la maison située
au coin s'appeloit alors *les Lanſquenets.* Sauval (*p*)
dit que la rue du bon Puits étoit habitée en 1245.
Les Cartulaires de Sorbonne (*q*) en font mention,
en 1253, ſous le ſimple nom de *vicus de Puteo*,
& en 1265 ſous celui de *bono Puteo.* Cet Auteur
avoit oublié l'antiquité de cette rue, puiſqu'il dit
dans un autre endroit (*r*) que le nom de cette
rue peut venir d'Etienne de Bon-Puits, dont les
biens furent donnés par confiſcation en 1423.
Guillot, le Rôle de 1313, & tous les Actes poſtérieurs lui donnent le même nom. Elle ne le
devoit pas à Etienne de Bon-Puits ni à ſes an-
cêtres, mais à un puits public qui ſubſiſtoit dès
1250 entre cette rue & celle du Paon, dite alors
Alexandre l'Anglois.

RUE DE LA REINE BLANCHE. Elle aboutit
d'un côté à la rue Moufetard, & de l'autre à
celle des Hauts-Foſſés S. Marcel. Sauval (*s*) dit
« qu'elle fut ainſi appelée à cauſe qu'on la fit ſur
» les ruines de l'Hôtel de la Reine Blanche, qui
» fut démoli en 1392, *comme complice* de l'em-
» braſement de quelques Courtiſans qui y dan-
» ſèrent avec Charles VI ce malheureux ballet
» des Faunes ſi connu. » Juvénal des Urſins (*t*),
qui rapporte ce fait comme arrivé à l'Hôtel de
la Reine Blanche, ajoute que, *pour ce, cet Hôtel fut
démoli.* Corrozet (*u*) dit auſſi que cette maiſon,
pour cette cauſe, fut raſée rez pied rez terre. Les Hiſ-

(*p*) Tom. 2, pag. 385.   (*s*) Tom. 1, pag. 161.
(*q*) Cart. Sorb. fol. 57 & 99.   (*t*) Hiſt. de Charles VI, p. 93.
(*r*) Tom. 2, pag. 267.   (*u*) Corrozet, fol. 134 vᵒ.

toriens de Paris (*x*) ont suivi cette opinion , & je ne cherche pas à la combattre ; mais il me paroît surprenant que , pour l'appuyer , ils citent le témoignage de Jean le Laboureur , autre Historien de Charles VI , qui dit positivement que ce fut *à l'Hôtel S. Pol* que se donna le Ballet des Sauvages (*y*) , & plusieurs de nos Auteurs ont adopté ce sentiment. Germain Brice place cet événement au fauxbourg S. Marcel , derrière S. Hippolyte , où il dit que S. Louis avoit une maison : mais , outre que l'Hôtel dont il s'agit ici fut démoli , suivant le témoignage de Juvénal des Ursins , il ne pouvoit avoir aucun rapport avec la rue de la Reine Blanche , qui est éloignée de celle de Lourcine. Il est certain qu'il y a eu un Séjour ou des Jardins appellés *de la Reine Blanche* , qui ont fait donner ce nom à la rue. La déclaration des biens du Chapitre S. Marcel , donnée le 9 Avril 1540 par M. Maurice de Bullion , Doyen de ce Chapitre , énonce en plusieurs endroits le lieu dit *la Reine Blanche* , & l'un des articles en fixe la situation & l'étendue en ces termes : *deux arpents de terre appelés* la Roine Blanche , *tenant au Cimetière S. Martin , aux jardins de l'Eglise S. Marcel & aux Fossés.* Je ne sais si ce nom venoit de Blanche de Bourgogne , femme de Charles le Bel , ou de Blanche d'Evreux , épouse de Philippe de Valois , ou si , comme d'autres pensent , ce Séjour avoit été bâti par la Reine Blanche de Castille , mère de S. Louis. Un Mémoire manuscrit , fait en 1719 par M. Colonne du Lac , Doyen de S. Marcel , adopte cette dernière opinion , & ajoute

---

(*x*) Hist. de Paris, t. 2, p. 713. |　　(*y*) Liv. 12 , chap. 9.

qu'il a été enfuite poffédé par une Comteffe de Piedmont. Le long de cette rue régne la terraffe de la maifon du Doyen, qu'occupoient autrefois les Evêques de Paris, & fur laquelle on lifoit anciennement l'infcription *Domus Epifcopi.*

On voit fur les Plans de Mérian & de Boiffeau, qu'au coin de cette rue, à droite en entrant par la rue Moufetard, il y avoit une Chapelle, fous le nom de Ste Apolline. Je n'ai pu favoir par qui & quand elle avoit été bâtie, ni en quel temps on l'a détruite.

RUE DES SAUSSAIES, qu'on nomme auffi rue POLIVAU. Elle aboutit d'un côté au carrefour de Clamart, & de l'autre au chemin qui régne le long de la Seine. L'ancien nom du territoire fur lequel cette rue a été ouverte, eft le *Locus Cinerum,* que l'Abbé Lebeuf avoit attribué, comme je l'ai remarqué ci-deffus, à la rue de Lourcine, à caufe d'une certaine conformité entre les deux noms. J'ai obfervé en même temps que ces deux lieux étoient diftingués l'un de l'autre par des noms différents. Je ne fais pour quelle raifon l'on avoit donné à celui-ci le nom de *lieu des Cendres,* mais il le portoit en 1243. Le Cartulaire de Ste Géneviève de cette année, *fol.* 3, indique les cens que devoient payer Eudes Robert & Barthelemi *de loco Cinerum;* ils font bien différents de ceux que devoient Robert & Eudes *de Lorcinis* & *Laorcinis:* les premiers fe percevoient en argent. On voit, *fol.* 24, que l'Archi-prêtre de S. Séverin devoit 12 den. *pro terrâ de loco Cinerum;* & qu'à Lourcine c'étoit un autre cens, *apud Laorcinas,* de 12 *agnis agnum unum (fol.* 55 *v°.)* Je vois auffi qu'au fiécle fuivant cette rue fe nommoit *de Lorcines,*

& que celle-ci étoit appelée rue *de la Cendrée.*
Ce nom a varié dans les siécles suivants : on
l'appela rue de ·la Cendrée ou *de Pont-Livaut ,*
dénomination que nos Modernes ont altérée, en
écrivant *Poulivaux , Pouliveau , Polivau* : ce nom
venoit d'un petit pont sur la Rivière de Bièvre.
Je vois dans un Censier de Ste Géneviève de
1646 , qu'on la nommoit alors rue *des Carrières,
alias de la Cendrée* ; enfin on la trouve sous le
nom *des Sauffaies* ou *Sauffoies.* J'ai trouvé qu'au
XIIIe siécle il y avoit un Renaud *des Sauffaies* qui
demeuroit en cet endroit ; le Cartulaire de 1243 ,
que j'ai cité , en fait mention en ces termes : *Ber-
nardus de Monte pro terciolo qui fuit Renoldi de
Salicibus in terra de loco Cinerum.* Je crois cependant que le nom de cette rue vient des Sau-
les dont étoit couvert le terrein qu'elle traverse ;
car les Titres de Ste Géneviève du XVIe siécle ,
marquent seulement qu'il y avoit *emmi les champs
derrière la Voirie* , environ 31 arpents, sans autre
désignation ; & ceux du XVIIe énoncent neuf
détempteurs de Sauffoies faisant 31 arpents &
demi. Boisseau, sur son Plan, donne à cette rue
le nom de rue *de la Voirie* , parce qu'il ignoroit
celui qu'elle portoit, & qu'il y avoit effectivement
alors une voirie à l'entrée de la rue des Sauffaies,
près de la Croix de Clamart. Un petit ruisseau
qui passe le long de l'Hôpital , & se jette dans
la Bièvre , traverse cette rue sous un petit pont
nommé , dès 1380, *le Poncel de la Sauffoie.* Celui
qu'on avoit pratiqué sur le grand chemin , s'appeloit, dans le même temps, *le Pont aux Marchands sur Seine.* Il y en avoit encore un, un peu
au-dessous de l'endroit où l'on avoit fait un canal pour donner de l'eau à S. Victor , comme je

l'ai dit ci-deſſus (rue de Bièvre) qu'on nommoit *le Pont-Didier* ; & en cet endroit on avoit planté une borne que les Titres déſignent ſous le nom de *Patella*.

L'HÔPITAL-GÉNÉRAL. Il s'appeloit ci-devant LA SALPÉTRIÈRE, & on lui donne encore ſouvent ce nom. J'ai déja eu plus d'une occaſion de parler de la multitude des Pauvres qui ſe trouvoient à Paris, & des différentes meſures que les Magiſtrats avoient priſes pour leur procurer les ſecours dont ils avoient beſoin ; j'ai rappelé qu'en 1612, on avoit jugé convenable de les renfermer dans des Maiſons deſtinées à cet effet. On acheta d'abord une grande maiſon, jardin & Jeu de Paume, où pendoit pour enſeigne *la Trinité*, entre la rue du Battoir & celle du Jardin du Roi ; on joignit ſucceſſivement à cette première acquiſition celles des maiſons & jardins de la ruelle Sᵗᵉ Anne, ſitués entre ces deux rues, ainſi qu'une partie de la rue du Puits-l'Hermite, en-ſorte que le terrein *des Pauvres enfermés ſous le nom de Notre-Dame de Pitié*, s'étend aujourd'hui juſqu'à la rue d'Orléans. D'autres maiſons de la rue Copeau, & qui étoient alors ſéparées de la rue Françoiſe par une ruelle appelée *Denys Moreau*, ont auſſi été achetées & réunies à cet Hô-pital ; & c'eſt ſur partie de cet emplacement qu'eſt conſtruite la Maiſon de Sᵗᵉ Pélagie, qui en a cédé depuis quelques années une partie aux Filles de S. Thomas de Villeneuve, qui s'y char-gent de l'éducation d'un nombre aſſez conſidéra-ble de Penſionnaires.

Dès 1615, Marie de Médicis avoit érigé en Hôpital, en faveur des Enfants des Pauvres enfermés, le lieu appelé *la Savonnerie*, près Chaillot, où Pierre Dupont avoit établi, en 1604, une Manufacture de Tapis façon de Perse, qui subsiste encore & se soutient avec succès. Enfin on acheta vers 1622, dans la rue de la Barre, l'Hôtel de Scipion Sardini, qu'on destina pour les pauvres Vieillards infirmes, j'en ai parlé ci-dessus à l'article de cette rue.

Les accroissements de Paris sous le régne de Louis XIII, & pendant les premières années de celui de son Successeur, ne contribuèrent pas moins que les troubles qui survinrent pendant sa minorité, à multiplier le nombre des Mendiants : nos Historiens le font monter à quarante mille. Tout le monde convenoit de la nécessité d'y apporter les remédes convenables ; mais on étoit presque convaincu de l'impossibilité de l'exécution. Il faut convenir qu'il n'étoit pas facile de dissiper une foule de vagabonds qui ne connoissoient de loi que leur cupidité, qui demandoient avec arrogance, & souvent n'obtenoient que par violence ou par adresse les secours dont ils étoient indignes, & qui, par leur nombre & par leur audace, étoient capables de se porter aux plus grands excès pour se maintenir dans leur indépendance. M. Pomponne de Bellièvre étoit alors premier Président du Parlement : ce Magistrat, supérieur à sa dignité par ses lumières & par ses vertus, & qui ne connoissoit point d'obstacles quand il s'agissoit de la sûreté & de l'avantage de ses concitoyens, reprit avec activité le projet qu'on avoit formé pour l'établissement d'un Hôpital général. Le Parlement en avoit ordonné l'exécution par son Arrêt du 16 Juillet 1632, mais les circonstances du temps en avoient suspendu l'effet.

Le fuccès le plus prompt & le plus flatteur couronna le zèle de M. le premier Préfident; le Roi applaudit à fes vues ; & , pour les rendre plus efficaces , Sa Majefté donna , le 27 Avril 1656 , un Edit pour l'établiffement d'un Hôpital Général , & un Réglement pour tout ce qui devoit s'y obferver. Comme les maifons dont j'ai parlé ci-deffus n'étoient pas affez grandes pour contenir tous les Mendiants qui voudroient s'y retirer, Sa Majefté abandonna pour cet objet le Château de Bicêtre & la maifon de la Salpétrière avec toutes leurs dépendances : on travailla auffi-tôt à difpofer ces lieux convenablement à l'ufage auquel on les deftinoit ; & toutes les mefures que la prudence peut exiger ayant été prifes , on publia que l'Hôpital-Général feroit ouvert le 7 Mai 1657 , pour tous les Pauvres qui voudroient s'y rendre. Les Magiftrats firent en même temps les défenfes les plus févères de demander l'aumône ; & le 14 les Mendiants , au nombre d'environ cinq mille , y furent enfermés , fans qu'il y eût ni tumulte ni murmure.

La Chapelle de cette Maifon étoit fous l'invocation de S. Denys ; mais lorfqu'on a bâti celle que nous voyons aujourd'hui , on l'a bénite fous celle de S. Louis. Cette Chapelle de S. Denys exiftoit dès le temps que cette Maifon étoit deftinée à la préparation des Salpêtres , d'où elle avoit pris le nom de la Salpétrière.

Le Château de Bicêtre , dont je viens de parler , eft connu dans notre Hiftoire : c'étoit une fimple maifon de campagne qui appartenoit , en 1204 , à l'Evêque de Winchefter en Angleterre , dont elle prit le nom. Le peuple le corrompit , felon fon ufage , & l'appela d'abord *Vincheftre ,* enfuite *Bicheftre*, & *Biceftre*. Jean, Duc de Berri, frère de Charles V, en étant devenu propriétaire au commencement du XVe fiécle, la fit rebâtir & embellir. Ce fut dans ce Château que le Duc de Berri & les Princes fe liguèrent, en 1410, contre le Duc de Bourgogne, & que la paix fut conclue entre les deux partis. Ce Château ayant été ruiné, en 1411, par les factieux qui troubloient alors le Royaume, le Duc de Berri le donna au Chapitre de Notre-Dame avec toutes les terres qui en dépendoient : les Lettres qu'il fit expédier à ce fujet, font du mois de Juin 1416. Cette donation fut amortie par Charles VII en 1441, & par Louis XI en 1464. Soit qu'il n'eût pas été rétabli alors, foit que depuis il fût tombé en ruine, il eft certain qu'il étoit défert & abandonné fous le régne de Louis XIII, & que ce Prince l'acquit en 1632, & y fit faire des bâtimens pour y loger les Officiers & Soldats invalides. Biceftre fut alors appelé *la Commanderie de S. Louis*. On y conftruifit, en 1634, une Chapelle, fous le titre de S. Jean, à laquelle on a fubftitué depuis une Eglife fous le même nom. Louis XIV ayant conçu, pour la retraite des Invalides, des projets plus vaftes & plus dignes de fa grandeur, donna ce Château, en 1656, pour fervir d'Hôpital-Général, comme je l'ai dit cideffus. Cette maifon fut deftinée alors pour les Pauvres veufs, ou Garçons, valides ou invalides; elle fert auffi de prifon pour les jeunes-gens que leurs vices & leur mauvaife conduite obligent les Magiftrats de faire renfermer. Il y a dans cette Maifon un Puits conftruit en 1733 par M. de Boffrand, Architecte célèbre par fes différentes connoiffances; ce puits mérite l'attention des Curieux. M. Piganiol (*z*) en a donné une defcription affez exacte, à laquelle on peut avoir recours.

RUE DE SEINE. Elle aboutit d'un côté au carrefour de la Pitié, & de l'autre au quai S. Bernard. On ne l'appeloit anciennement que *rue* ou *chemin devers* Seine. En 1552, on difoit fimplement *rue derrière les murs de S. Victor* ; enfuite on l'a nommée rue *du Ponceau*, à caufe du petit Pont fitué vers le milieu de cette rue, fous lequel paffoit la Bièvre, lorfqu'elle traverfoit l'enclos de S. Victor. M. Piganiol (*a*) dit « qu'au coin de
» cette rue il y a une Tour où l'on enfermoit
» autrefois les enfants de famille débauchés ; que
» le premier qu'on y mit s'appeloit *Alexandre*, &
» qu'on en donna le nom à la Tour : il ajoute
» que Pierre Bercheur, Religieux de S. Benoît,
» qui fut depuis Prieur de S. Eloi, y avoit été
» renfermé ; & que, comme il avoit compofé un
» Dictionnaire pendant fa détention, on l'avoit
» confondu avec Defpautère, & qu'on avoit
» donné le nom de ce dernier à cette Tour. » Je
ne fais où M. Piganiol a trouvé ces anecdotes:
j'ai vu quelques Actes qui font mention de la
Tour d'Alexandre ; elle eft même indiquée fous
ce nom fur un Plan inféré dans le Recueil de
l'Académie des Infcriptions & Belles-Lettres (*b*) ;
& feû M Bonamy, très-verfé dans la connoiffance des Antiquités de Paris, avoit été, plus que
perfonne, en état de connoître la Maifon de
S. Victor. Ainfi je ne contefte pas l'exiftence de

(*z*) Tom. 5, pag. 240.
(*a*) Tom. 5, pag. 286.

(*b*) Tom. 14, pag. 282.

cette Tour ; mais je ne trouve aucune preuve , ni de l'antiquité qu'on lui donne , ni de l'ufage auquel on prétend qu'elle a fervi : tout ce que j'ai pu découvrir , c'eft que , le 17 Avril 1576, la Ville ordonna à MM. de S. Victor de faire murer la porte d'Aleps & la rue de Seine , & de faire faire *deux Tourelles à leur clôture* ; ce qui fut exécuté.

Il y a dans cette rue deux cul-de-facs que l'Abbé de la Grive & M. Robert ont fupprimés fur leurs Plans. Le premier , nommé aujourd'hui *cul-de-fac du Jardin du Roi* , & auparavant *petite rue du Jardin Royal* , fe nommoit anciennement rue *du Cochon*. La Caille , qui lui donne ce nom , ajoute qu'on l'appelle aufli *du Tondeur :* ce dernier nom ne convient qu'au fecond cul-de-fac , maintenant fermé , & qui étoit plus proche de la rivière de Bièvre lorfqu'elle traverfoit l'enclos de S. Victor. Tous les Terriers de Ste Géneviève l'indiquent fous le nom *du Tondeur, des Tondeurs, & de Jean de Cambrai* , parce que la maifon de ce Particulier y étoit fituée.

✝ LES NOUVEAUX CONVERTIS. Plufieurs Perfonnes zélées pour la converfion des Proteftants , s'étoient occupées des moyens de leur procurer la fubfiftance & les inftructions néceffaires ; ce pieux deffein avoit été formé par le P. Hyacinthe de Paris , Capucin , dès l'année 1632 : il fe forma fous fes yeux une Société de Gens qui concoururent à l'exécution d'un projet, dont la Religion devoit tirer les plus grands avantages. M. Jean-François de Gondi , Archevêque de Paris , applaudit à des vues fi louables , & autorifa cette Aflociation , fous le nom de *Congrégation de la Propagation*

Propagation de la Foi, & fous le titre de *l'Exal-*
tation de Ste Croix, par fes Lettres du 6 Mai 1634.
Cette Société, formée en faveur des deux fexes,
fut approuvée par le Pape Urbain VIII, le 3
Juin de la même année, & confirmée de nouveau par la Bulle d'Indulgences qu'il lui accorda
le 29 Août 1638. Le Roi confirma cet établiffement par Lettres-Patentes du mois de Mars 1635,
enregiftrées le 6 Juin fuivant au Grand-Confeil,
auquel il attribua la connoiffance de tout ce qui
pouvoit le concerner, par d'autres Lettres du 27
Juillet de la même année. Les Affemblées fe tin-
rent d'abord au Couvent même des Capucins
de la rue S. Honoré, dans la Chapelle qu'on
voit dans la cour de ce Monaftère. Les fuccès
de cet établiffement ranimèrent le zèle qui l'avoit
fait naître ; on fépara les Hommes des Femmes,
& l'on forma deux Communautés. (Voyez l'article des nouvelles Catholiques, Quartier Montmartre, pag. 4.) On loua dans l'Ifle Notre-Dame
une Maifon pour les Proteftants difpofés à fe
convertir. M. l'Archevêque permit, le premier
Juin 1645, de mettre la Croix fur la Chapelle
qu'on y avoit conftruite. Ils y demeurèrent jufqu'en 1656, qu'ils furent transférés dans la rue
de Seine, en vertu d'un Arrêt du Confeil du 12
Août, dans deux maifons contiguës qu'ils achetèrent le 28 Septembre de la même année. Il y
a tant d'inexactitude dans ce que Sauval a rapporté à ce fujet (c), qu'il eft inutile de relever
fes erreurs. Les Auteurs du *Gallia Chriftiana* ne
me paroiffent pas avoir été bien informés ; car

(c) Tom. 1, pag. 628.

ils avancent (*d*) que cette Congrégation , qui a toujours subsisté , n'exista pas long-temps : *Congregatio illa.... brevi in interitum vergit.*

Quai ou Rue de la Tournelle. On les confond assez souvent, quoiqu'ils soient distingués : la rue de la Tournelle commence au coin de la rue de Bièvre , & finit à la dernière maison du côté de la Rivière , & de l'autre au coin de la rue des Bernardins : le Quai commence en cet endroit, & se termine à la Porte S. Bernard. Corrozet l'indique sous le nom de *rue* & *port S. Bernard* , & c'est celui qu'on devroit naturellement lui donner ; car il le portoit dès 1380. Depuis on ne donna le nom de Port S. Bernard qu'à compter de la rue de Bièvre ; il n'y avoit pas alors de maisons bâties en cet endroit , & à l'angle où elles se terminoient autrefois , cet endroit s'appeloit *le Port aux Mulets.* Tout ce Quai n'étoit encore, au milieu du siécle dernier, qu'un terrein en pente, souvent inondé , & presque toujours impraticable par les boues. Le 12 Août 1650 (*e*) , il fut ordonné qu'il seroit pavé dans la largeur de dix toises. En 1738 , la Ville l'a fait repaver, dégager , & agrandir par la suppression de trois maisons vis-à-vis les Miramiones. Ce Port sert de décharge & d'entrepôt pour le bois , la tuile , la brique, l'ardoise , &c.

Ce fut aussi vers le milieu du siécle passé qu'on substitua au nom du port S. Bernard , celui de Quai de la Tournelle ; il vient de la Tournelle, qui joignoit en cet endroit la Porte de l'enceinte

---

(*d*) Tom. 7, col. 1004.　　|　(*e*) Reg. de la Ville.

de Philippe-Augufte , qui fubfifte encore. Cette Tour défendoit le paffage de la Rivière, au moyen d'une chaîne qu'on y attachoit, & qui répondoit à une autre Tour appelée *Loriaux* ou *Loriot*, élevée dans l'Ifle Notre-Dame (S. Louis), d'où une autre chaîne alloit s'attacher à la Tour *Barbeau* fur le Port S. Paul. Par fucceffion de temps, elle tomboit en ruine : Henri II voulut qu'on la rebâtit ; il donna (*f*) en conféquence fes ordres à la Ville , le 28 Juillet 1554. Cette Tournelle n'étoit plus employée à aucun ufage, au commencement du dernier fiécle : M. Vincent de Paul, toujours attentif aux befoins des infortunés , & également heureux pour faire naître des occafions de fignaler fa charité, en avoit donné un exemple bien frappant à l'égard des malheureux deftinés aux Galéres. En attendant le jour de leur départ, ces coupables gémiffoient dans les cachots de la Conciergerie , dénués de tout fecours fpirituel, atténués par la misère , & livrés à toute l'horreur de leur fituation. Ce faint Prêtre obtint, en 1618 , la permiffion de les faire transférer au fauxbourg S. Honoré , près S. Roch, où pendant près de quinze ans il leur prodigua les fecours & les confolations dont ils avoient befoin. Comme la maifon dans laquelle ils étoient renfermés avoit été prife à loyer, M. Vincent de Paul fe donna tous les mouvements convenables pour leur procurer une demeure ftable ; il demanda , & obtint du Roi , en 1632, la Tournelle de la Porte S. Bernard, & chargea les Prêtres de fa Congrégation naiffante de l'adminiftration fpi-

---

(*f*) Du Breul, pag. 77L.

rituelle de cette Maison. Le petit nombre de Sujets dont elle étoit alors compofée , la multiplicité de leurs fonctions qui les rendoient plus utiles & plus néceffaires dans le Diocèfe, déterminèrent M. l'Archevêque à confier cette adminiftration au Curé de S. Nicolas du Chardonnet , auquel il permit, le 2 Septembre 1634 , de faire célébrer dans la Chapelle de la Tournelle la Grand'Meffe les Fêtes & les Dimanches , comme à la Paroiffe. Ce fut à fa follicitation que les Prêtres de la Miffion furent déchargés de ce foin , & il fit accorder aux Prêtres de S. Nicolas une rétribution annuelle qu'il n'avoit jamais demandée pour les fiens (*g*). Ce faint Prêtre fe chargea toujours de pourvoir aux befoins de ces malheureux ; mais, en 1639, une perfonne charitable leur légua une rente de 6000 liv. que la prudence & la fage économie des Adminiftrateurs ont fait augmenter depuis.

LA PORTE S. BERNARD. C'étoit, comme je l'ai dit, la première de ce côté de l'enceinte méridionale de Philippe - Augufte : elle fubfifta jufqu'en 1606, qu'elle fut rebâtie par les foins de M. Miron , alors Prévôt des Marchands. On reconftruifit en même temps le Pont qui traverfoit le foffé, & le Pavillon qui étoit au-deffus de la Porte : ces ouvrages furent finis en 1608. Cette Porte ne fut pas abattue en 1670, comme le difent Dom Félibien (*h*) & le Commiffaire la Marre après Sauval , mais feulement démolie en partie ; car on

---

(*g*) Vie de S. Vincent de Paul, pag. 115.
(*h*) Hift. de Paris , tom. 2,   p. 1497. —Tr. de la Police , t. 1 , pag. 88. —Sauval , tom. 1. pag. 105.

voulut conferver les logements qu'on avoit ménagés dans fon épaiffeur. Le fieur Blondel, fur les deffins duquel fut bâti l'Arc-de-Triomphe que nous voyons aujourd'hui, & auquel nous fommes redevables des Infcriptions qu'on y lit, l'appelle lui-même un *rhabillage.* Ces Infcriptions prouvent que cette Porte ne fut finie qu'en 1674.

Au-delà de la Porte S. Bernard, le chemin qui régne le long de la Rivière, & aboutit au nouveau Cours, fe nomme *le Quai & Port S. Bernard :* on l'appeloit anciennement *le vieux chemin d'Ivri.* J'ai déja dit qu'il me fembloit qu'on auroit dû le nommer Quai & Port de la Tournelle, & conferver à celui qu'on appelle ainfi le nom de Port S. Bernard, qu'on lui donnoit anciennement. Louis XIV, par fes Lettres - Patentes du mois d'Août 1662 (*i*), permit au Maréchal de Bellefond & à M. de Pertuis de faire conftruire deux Ports, pour y décharger & vendre les grains, le bois quarré, & autres marchandifes & denrées, dont l'un, nommé *le Port de Bellefond,* feroit placé entre le Pont de la Tournelle & la Porte S. Bernard ; & l'autre, appelé *de Pertuis,* entre ladite Porte & l'Arche où paffoit la rivière des Gobelins. On voit par l'Arrêt d'enregiftrement du 11 Août 1663 (*k*), que la Ville leur avoit fait, le 7 Août de l'année précédente, un Bail emphytéotique du foffé & contrefcarpe entre les Portes S. Bernard & S. Victor ; qu'il devoit y avoir un Aqueduc, & que les maifons qui feroient bâties, ne pourroient être élevées qu'à un pied au-deffous du mur du rempart.

(*i*) Hift. de Paris, tom. 2, pag. 148.   (*k*) Ibid. t. 5, p. 195.

En 1670, il fut ordonné que ce foſſé feroit comblé, & qu'on y feroit trois rues ; ce qui n'a été exécuté que long-temps après, & en partie ; car on trouve des Arrêts du Conſeil de 1684 & 1685, & des Lettres-Patentes du mois de Juillet 1686 & 1699, qui permettent à la Ville l'aliénation de pluſieurs Places qui faiſoient partie de ce Foſſé.

Je reviens fur le Quai de la Tournelle, où eſt ſituée la Communauté dont je vais parler.

LES FILLES SAINTE-GÉNEVIÈVE, plus communément appelées LES MIRAMIONES. Ce font deux Communautés de Filles Chrétiennes qui, s'étant propoſé les mêmes exercices de charité, ſe font réunies pour l'utilité publique. Comme elles ont été formées en différents temps, nos Hiſtoriens ont auſſi confondu les époques : la Caille & M. Robert les placent rue de la Tournelle en 1665, l'Abbé Lebeuf en 1636 & 1665, M. Piganiol & Germain Brice en 1670. Le détail dans lequel je vais entrer, indiquera à quoi il faut s'en tenir.

En l'année 1636, Mlle Bloſſet s'étoit aſſocié quelques Filles pieuſes pour vivre en commun fans clôture, fans ſingularité dans l'habillement, & ſans faire des vœux ; elles s'occupoient à tenir de petites Ecoles, à former des ſujets qui fuſſent capables d'en tenir dans les Villes & dans les campagnes, à viſiter les malades, & à donner des inſtructions chrétiennes aux Penſionnaires qu'on leur confioit, & même aux perſonnes du dehors. Cette petite Communauté féculière s'étoit établie fur les Foſſés S. Victor, au coin de la rue des Boulangers ; elle prit le nom de Filles de Sᵗᵉ Géneviève, fous lequel elle fut approuvée par M. l'Archevêque, & confirmée par Lettres-Patentes du mois de Juillet 1661, enregiftrées le 10 Février fuivant.

Ce fut dans ce même temps que fe forma une Communauté femblable, par les foins de dame Marie Bonneau, veuve de M. de Beauharnois de Miramion, Confeiller au Parlement. Cette Dame, qui étoit reftée veuve à l'âge de feize ans, préféra la retraite & l'exercice des œuvres de charité à tous les avantages que pouvoient lui procurer la jeuneffe, les graces & la fortune. Elle conçut le deffein de raffembler douze Filles, qui tiendroient les petites Ecoles à la campagne, y foigneroient les malades, & panferoient les bleffés : elle en raffembla fix, en 1661, dans la maifon qu'elle occupoit rue S. Antoine, & donna le nom de *la fainte Famille* à cette petite Société. Quelques circonftances de Famille déterminèrent Madame de Miramion à venir demeurer près S. Nicolas du Chardonnet. La Charité forme bientôt des liaifons intimes entre les perfonnes qu'elle anime. Le rapport mutuel qui fe trouvoit entre la Communauté de Ste Géneviève & celle de la Ste Famille, la conformité de vues & de moyens pour inftruire & pour foulager les pauvres, parurent à M. Feret, Supérieur des deux Communautés, un motif plaufible pour les réunir. Madame de Miramion, qui ne s'étoit propofé que l'utilité des pauvres dans l'établiffement de fa Communauté, confentit à fa réunion, & en fupprima le titre pour adopter celui de Ste Géneviève ; modeftie bien rare à la vérité, mais la piété folide ne connoît point la rivalité ni l'oftentation ; elle ne cherche, dans les fervices qu'elle rend aux

I iv

malheureux, que le bonheur fecret de les avoir pu rendre.

L'union des deux Communautés fut conclue le 14 Août 1665, & confentie par M. l'Archevêque le 14 Septembre fuivant. On dreffa enfuite des Conftitutions qui furent approuvées au mois de Juin 1668, par M. le Cardinal de Vendôme, alors Légat *à latere* en France ; elles furent confirmées par M. de Harlai le 4 Février 1674, & par des Lettres-Patentes du mois de Mai fuivant, enregiftrées le 30 Juillet de la même année. Ainfi, lorfque les Auteurs que j'ai cités ci-deffus ont placé l'époque des Filles de Ste Géneviève en 1665, ils n'ont confidéré que le temps de l'union, & non celui du premier établiffement qui eft antérieur de quatre années ; & la Caille s'eft trompé en difant, qu'en 1665 elles furent établies en la rue de la Tournelle ; les autres ne les y placent qu'en 1670. Mais cette date eft-elle certaine? ou du moins la doit-on confidérer comme celle d'un établiffement légal ? C'eft ce qu'il eft difficile de concilier avec les Titres & les Lettres-Patentes. Il eft vrai qu'en 1670 Madame de Miramion acheta fur le quai de la Tournelle une grande maifon, qu'un riche Partifan, nommé Martin, avoit fait bâtir, & qu'elle en acquit encore une autre voifine, foit qu'elle eût deffein d'y établir à demeure fa Communauté, ou fimplement de les lui laiffer par la fuite. Mais il eft également certain, 1° qu'il n'eft point fait mention de cette Communauté fur les Plans de Jouvin en 1673, & de Bullet en 1676 ; 2° que l'acquifition de la maifon qu'occupent les Miramionnes, n'eft que du 26 Juin 1691 : 3° dans l'énoncé des Lettres-Patentes du mois d'Août 1693, qui

confirment leur établiſſement, elles expoſent au Roi « qu'encore que par les Lettres-Patentes du
» mois de Juillet 1661 & Mai 1674, Sa Majeſté
» ait confirmé leur établiſſement, elles n'ont point
» été en état d'acquérir une maiſon propre à lo-
» ger une Communauté ; qu'elles ont été obligées
» de demeurer dans des maiſons qu'elles ont te-
» nues à loyer.... mais qu'elles ont *depuis peu*
» acquis une maiſon ſur le quai de la Tournelle,
» de M. de Neſmond , Evêque de Bayeux , & de
» Madame de Miramion, moyennant 80, 000 liv.
» par contrat du 26 Juin 1691 ; & une autre
» maiſon joignant la précédente, par autre contrat
» du 26 Juin 1693. Qu'outre ce , ladite Dame de
» Miramion leur a donné deux maiſons réunies
» en une ſeule , ſituées ſur ledit Quai.... afin de
» la faire ſervir aux exercices des retraites d'un
» grand nombre de Filles & de Femmes de toute
» qualité , &c. » Ces Lettres furent enregiſtrées
au Parlement le 7 Septembre de la même année, &
à la Chambre des Comptes le 30 Juin 1696.

Les Filles de Ste Géneviève ne font point de
vœux ; elles ſe conſacrent à l'inſtruction des jeunes Filles & au ſoulagement des pauvres bleſſés ;
elles font les ſaignées, préparent les onguents
& les médicaments dont ils ont beſoin , & mettent
un nouveau prix à ces ſecours gratuits par le zèle
& par la charité avec leſquels elles les procurent.
On fait auſſi dans cette Communauté des retraites
pour toutes ſortes de perſonnes du ſexe. Les
deux maiſons achetées à cet effet, & réunies en
une , furent diſpoſées en conſéquence ; on y conſ-
truiſit un réfectoire , une ſalle pour les exercices,
& cinquante Chambres ou cellules.

A côté de cette Maiſon , & au coin de la rue

des Bernardins, est situé l'Hôtel de Nesmond : anciennement c'étoient trois quartiers de terre sur lesquels les Chanoines de S. Victor percevoient un cens qu'ils échangèrent, en 1239, avec l'Abbé & les Religieux de Tiron. Au mois de Mai 1260 (*l*), il fut fait une Transaction entre eux & l'Evêque de Paris, qui reconnut que ce terrein étoit chargé de 9 den. de cens envers eux, & de 4 liv. 9 s. de rente envers lui. J'ai trouvé dans les Censiers de l'Archevêché, que ce terrein avoit été bâti & donné à rente par Guillaume, Evêque de Paris, à Henri le Flamand, & qu'il avoit successivement passé à Guillaume Courteheuse, à l'Evêque d'Arras, à M. & Mme de Bar ; j'y vois aussi qu'en 1372 cette maison appartenoit au Comte de Boulogne. Au XVIe siécle, l'Evêque de Beauvais en étoit propriétaire ; il appartint ensuite au Duc de Montpensier, & à M. Despesse, Avocat du Roi. En 1603, il avoit pris le nom d'Hôtel de Bar, qu'il portoit alors, à cause des Ducs de Lorraine & de Bar qui l'avoient possédé. Je ne sais à quel titre il fut donné, en 1481, à Gilles Dorin & à Perrine sa femme, ainsi qu'il est constaté par les Mémoriaux de la Chambre des Comptes & par le Censier de l'Evêché de 1508. Je n'ai pu découvrir non plus à quelle occasion il avoit été nommé l'Hôtel *du Pain* ; mais il est ainsi désigné dans une Déclaration de l'Abbé de Ste Géneviève, & dans le Jugement des Commissaires rendu en conséquence le 5 Juillet 1522. En 1636, c'étoit un Jeu de Paume qui fut acquis peu après par M. de Nesmond, & qui a passé depuis à ses héritiers.

LA HALLE AUX VEAUX. J'ai remarqué que

___

(*l*) Déclaration de l'Abbé de Tiron, du 12 Avril 1673.

par Arrêt du 8 Février 1646, on avoit transféré l'ancienne Place aux Veaux fur le quai des Ormes. (Voyez Quartier S. Paul, pag. 30.) Cet endroit étoit peu propre pour une pareille deftination ; la quantité de voitures néceffaires pour le tranfport des marchandifes qu'on débarque fur les quais de la Grève & des Ormes, le rendoit fouvent dangereux. Un Citoyen* animé par le zèle du bien public propofa, en 1770, le jardin des Bernardins comme le lieu le plus propre pour y placer le Marché aux Veaux, fous une Halle couverte. Il fuffifoit de préfenter au Magiftrat qui préfide avec tant de fageffe à l'adminiftration de la Police, un projet utile, pour le faire agréer. Ce terrein fut acquis, & le Roi autorifa ce nouvel établiffement par fes Lettres-Patentes du mois d'Août 1772, enregiftrées au Parlement le 30 Juin de l'année fuivante. La nouvelle Halle eft ifolée, & environnée de quatre rues auxquelles on a donné le nom de M. de Sartine. Une des rues latérales doit porter celui de M. de Montigni, Thréforier de France, qui a été chargé de donner l'alignement des rues ; elle fera ouverte fur le quai de la Tournelle, &, fuivant le projet, doit être prolongée jufqu'à la rue S. Victor. Enfin l'allée du jardin des Bernardins qui régnoit le long de l'Eglife, formera une rue qui fera nommée *Trouvée*, & qui traverfera de la rue de Montigni dans celle des Bernardins. On doit également applaudir au zèle qui a fait former ce projet, aux connoiffances de ceux qui ont été chargés de l'exécution, & à la célérité avec laquelle cette Halle a été conftruite. Elle a été ouverte le 28

---

* M. Regnaudet de Rouzières, Contrôleur-Général des Poftes.

Mars dernier , en vertu d'une Ordonnance de la Ville du 8 du même mois.

RUE TRAVERSINE. Elle eſt ainſi nommée , parce qu'elle traverſe de la rue de la Montagne Sᵗᵉ Géneviève à celle d'Arras. Au XIIIᵉ ſiécle , & depuis , on diſoit rue *Traverſaine* ; Gombouſt & Bullet écrivent *Traverſière* : Corrozet n'en a pas fait mention , mais on trouve dans ſa Nomenclature une rue *Suce - Raiſin* , que je n'ai point trouvé nommée ailleurs ; ce qui me fait penſer que c'eſt une faute de Copiſte qui a voulu indiquer celle-ci , ou l'un des deux petits cul-de-ſacs que nous y voyons encore. J'ai remarqué ci-deſſus que celui qui eſt en face de la rue du Bon-Puits s'appeloit rue *de Fortune.* J'ai auſſi obſervé que c'étoit le long de cette rue , mais dans celle du Mûrier , qu'étoit le Collége des Allemands. Nolin, ſur ſon Plan de 1699, a placé ce Collége de l'autre côté de cette rue-ci ; & ſur un Plan de Bullet on voit , à la même place , un Collége des Hibernois dont je n'ai trouvé nulle mention ailleurs.

RUE TRIPPELET. Elle traverſe de la rue Gracieuſe à celle de la Clef. Tous ceux qui nous ont donné des Plans de Paris , ont pris plaiſir à écrire ce nom différemment les uns des autres ; on lit *Tripelle* ſur celui de Gombouſt, *Tripellé* dans de Chuyes , *Tripelé* dans Sauval , *Tripolet* ſur le Plan de Boiſſeau , *Tripette* ſur ceux de Jouvin & de De l'Iſle , *Tripotte* ſur ceux de de Fer & de Nolin ; Rouſſel écrit *Tripet*, la Caille *Tripette*, *Triplet* & *Triperet*. Si je me ſuis déterminé pour le nom de Trippelet , c'eſt que je ſuis perſuadé que cette rue le doit à Jehan Trippelet

qui poſſédoit, conjointement avec Guillaume Se-
guin, trois arpents de terre au lieu où cette rue
eſt ſituée : ils ſont indiqués dans le Cenſier de
Ste Géneviève, de 1540, fol. 97, *paſſant le chemin qui méne de la rue Coipeaux audit Coipeaux.*
C'eſt là, je crois, ſa véritable étymologie.

RUE DE VERSAILLES. Elle aboutit d'un côté
à la rue Traverſine, & de l'autre à celle de S.
Victor. M. Robert a été induit en erreur par
Sauval (*m*), qui dit *qu'elle s'eſt quelquefois appelée
la rue des Bons-Enfants, à cauſe du Collége des
Bons-Enfants, qui eſt tout contre.* Si ce Séminaire,
qui eſt preſque vis-à-vis cette rue, lui a fait donner ſon nom, ce n'eſt certainement que parmi le
peuple ; car il n'eſt venu à ma connoiſſance aucuns Actes ou Titres dans leſquels elle ſoit ainſi
nommée. Il paroît au contraire qu'elle portoit
au XIIIe ſiécle le même nom qu'elle porte aujourd'hui, & qu'elle le devoit à une Famille diſtinguée, dont l'Hiſtoire fait mention dès le XIe.
Pierre *de Verſaliis* y demeuroit en 1270. Guillot
l'appelle rue *de Verſeille*, & le Rôle de Taxe de
1313, rue de Verſailles. Je n'ai point trouvé
qu'elle ait changé de nom depuis.

RUE S. VICTOR. Elle commence à la Place
Maubert, & finit au coin des rues des Foſſés
S. Victor & S. Bernard. C'eſt mal-à-propos que
ſur la plus grande partie de nos Plans on la prolonge juſqu'au carrefour de la Pitié, & qu'on la
voit indiquée ſous ce nom dans les Inſcriptions

(*m*) Tom. 1, pag. 166.

gravées au coin des rues qui viennent y aboutir: son nom est dû à l'Abbaye de S. Victor, à laquelle elle conduit. Sauval (*n*) prétend « que
» sous le régne d'Henri I cette rue passoit derrière
» l'Eglise & le Dortoir ; que pour la commodité
» des Religieux on la changea de place, & que
» ce qui en restoit en 1380, depuis cette Abbaye
» jusqu'à la Salpétrière, s'appeloit *le vieux Chemin*
» *d'Ivri.* » Il est vrai qu'on donnoit ce nom au
chemin qui régne le long de la Seine ; néanmoins il
n'en faut pas conclure que la rue S. Victor fût située
en cet endroit, ni que celle-ci n'existât pas au
même lieu où elle est aujourd'hui , mais dans
des temps moins reculés ; car Sauval n'ignoroit
pas que l'Abbaye S. Victor n'a été fondée que
cinquante-deux ans après la mort d'Henri I, comme
je le dirai ci-après : ainsi je ne crois pas que
cette rue en aît porté le nom avant le régne de
Louis le Gros.

L'ÉGLISE S. NICOLAS DU CHARDONNET. Elle
a pris ce nom de celui du territoire sur lequel
elle est située. Le fief du Chardonnet s'étendoit
de ce côté entre la Seine & la Bièvre , depuis
le clos Mauvoisin, c'est-à-dire , depuis la rue de
Bièvre , où il finissoit, jusqu'à l'ancien canal de
la rivière de Bièvre , tel qu'il subsiste aujourd'hui.
Je crois que M. Piganiol (*o*) avance un peu lé-
gérement , que jusqu'en 1230 ce terrein étoit
inhabité : ce fut en cette année que Guillaume
d'Auvergne , Evêque de Paris , obtint de l'Abbaye S. Victor cinq quartiers de terre pour y

---

(*n*) Tom. 2 , pag. 385.　]　(*o*) Tom. 5, pag. 303.

faire bâtir une Chapelle. L'Abbé Lebeuf (*p*), fur
la foi de l'étiquette de cet Acte, qu'il n'avoit certainement pas lu avec attention, s'eft cru auto-
rifé à dire que cette Chapelle étoit celle des
Bernardins. Le titre porte ces mots : *Litteræ con-*
ceffionis cujufdam peciæ terræ fuper fundatione Ca-
pellaniæ fancti Bernardi in Cardoneto, in hæc verba.
Les Lettres de Guillaume, & celles de Pierre,
Abbé de S. Victor, ne font nulle mention du titre
de la Chapelle, comme on peut facilement s'en
convaincre en les lifant ; elles font rapportées
dans les Cartulaires de l'Evêché, dans l'Hiftoire
de l'Eglife de Paris (*q*), & dans celle de l'Univerfité (*r*). On ne trouve d'ailleurs aucun Acte
qui parle d'une Chapelle de S. Bernard; c'eft donc
une méprife de la part de celui qui a écrit cette
cote au dos des Lettres de 1230, & de la part
de l'Abbé Lebeuf, qui, n'ayant pas lu l'Acte qu'il
cite, n'en a jugé que fur l'étiquette : par conféquent il ne devoit pas avancer avec tant de
confiance, qu'*il eft donc affez décidé qu'il ne s'agit*
pas ici d'une Chapelle du titre de S. Nicolas, mais
de celui de S. Bernard qui a donné occafion de bâtir
le Collége, & que l'Evêque Guillaume a pu avoir la
dévotion de faire porter à une nouvelle Eglife le nom
de ce faint Abbé. Il y a plus, c'eft que l'Acte
même détruit l'opinion de l'Abbé Lebeuf, puifqu'il porte expreffément que cette conceffion eft
faite pour y bâtir une Chapelle & une maifon
pour le Prêtre *féculier* qui devoit la deffervir: *Pe-*
ciam terræ.... conceffimus ad conftruendam Capellam

(*p*) Tom. 2, Pag. 555. (*r*) Tom. 3, pag. 139.
(*q*) Tom. 2, pag. 327.

in eadem & locum Presbiterii secularis (*s*). Allons plus loin : si l'on suppose les Bernardins établis en 1225, peut-on présumer qu'ils aient été cinq ans sans avoir de Chapelle, & qu'il ait fallu que l'Evêque de Paris leur en fît bâtir une en 1230? Si leur établissement au Chardonnet n'est que de 1244, comment l'Evêque a-t il pu leur donner alors une Chapelle éloignée de leur Monastère, & qui étoit érigée en Eglise paroissiale ? Dans l'un ou dans l'autre cas, quel reproche d'ingratitude ne seroit-on pas en droit de faire aux Bernardins, d'avoir oublié dans leur Nécrologe le nom de Guillaume III, leur bienfaiteur ? Il faut donc écarter l'opinion solitaire de l'Abbé Lebeuf, & croire, comme du Boulai, que c'est une méprise du Copiste, qui s'est trompé de nom : *in Lemmate legitur Capellania sancti Bernardi, certè pro sancti Nicolai*; d'où je conclus qu'il faut regarder la Chapelle que Guillaume III fit construire au Chardonnet, comme la première époque de la fondation de l'Eglise S. Nicolas. Je sais que nos Historiens (*t*) ne fixent qu'en 1243 l'érection de cette Chapelle en Eglise Paroissiale ; ils ne se sont probablement fondés que sur l'accord qui fut fait au mois d'Avril de cette année entre Guillaume III & l'Abbé & Couvent de S. Victor, par lequel cet Evêque reconnoît que l'Abbé lui a cédé tous les droits appartenants à ladite Abbaye sur une certaine piece de terre de 24 toises de long sur 18 de large, près le Ponceau de la Bièvre, *ad*

(*s*) Arch. de S. Victor.—Petit Cartul. de l'Evêché, fol. 103, chart. 127.

(*t*) Hist. de Paris, t. 1, p. 283.

—Brice, tom. 2, p. 433.—Le Maire, t. 2, p. 191.—Piganiol, t. 5, p. 303.—La Barre, &c.

Ecclesiam

Ecclefiam fanĉti Nicolai in ea tantummodo conftruen-
dam (*u*). C'eſt de cet Aĉte que l'Abbé Lebeuf a
conclu *que l'Eglife de S. Nicolas n'étoit pas en-*
core bâtie en 1243; *mais* , ajoute cet Auteur , *il*
eſt ſûr que quatre ans après la Paroiſſe étoit ér'gée.
Je demande d'abord s'il eſt vraiſemblable que l'E-
vêque de Paris ait acquis ou obtenu en 1230 un
terrein pour y bâtir une Chapelle , & le logement
du Prêtre deſtiné à la deſſervir , & qu'il ait été
treize ans ſans remplir ce deſſein ? Cette objeĉtion
ſeule pourroit détruire l'opinion de l'Abbé Lebeuf
& de ceux qui l'ont ſuivi ; mais ce n'eſt point
par une ſimple probabilité que je dois la combattre , je ne veux lui oppoſer que l'Aĉte même
ſur lequel il ſe fonde : les expreſſions en ſont ſi
claires , qu'il n'eſt pas poſſible de ſe refuſer à
l'évidence qui en réſulte. 1° Le titre de cet Aĉte
annonce que c'eſt une Tranſaĉtion ſur un procès
qui s'étoit élevé entre *le Curé* de S. Nicolas , &
MM. de S. Viĉtor : *Tranſcriptum litteræ ſuper ordi-*
natione & compoſitione litis inter RECTOREM *Ec-*
cleſiæ ſanĉti Nicolai de Cardoneto , & Abbatem &
Conventum ſanĉti Viĉtoris Pariſienſis, ſuper fundatione
ipſius Eccleſiæ. Donc , dès 1243 l'Eglife S. Nicolas
étoit Paroiſſiale ; donc avant cette époque il y
avoit eu des différents , qui furent terminés par
cette Tranſaĉtion. Or ces différents ne paroiſſent
pas avoir eu d'autre motif que la perception des
droits curiaux.

2° Les termes même de l'Aĉte prouvent dès-
lors l'exiſtence d'une Paroiſſe à S. Nicolas : Guillaume y reconnoît que l'Abbé & les Religieux

---

(*u*) Du Breul , p. 435.—Hiſt. Univ. Pariſ. t. 3 , p. 140.

de S. Victor lui ont accordé, ainsi qu'au *Prêtre de S. Nicolas*, le cens & tous les droits qu'ils avoient sur une piece de terre près le petit Pont de Bièvre, pour y construire l'Eglise de S. Nicolas, &c. Et afin que les intérêts de l'Abbaye S. Victor ne soient point blessés, Guillaume déclare que, du consentement & de la volonté du Prêtre de S. Nicolas, *de voluntate & assensu dicti Presbiteri*, il céde & abandonne à S. Victor tout ce qu'il tenoit en sa censive audit lieu du Chardonnet.

3° Il ajoute qu'il en excepte le Cimetière béni qu'il a fait limiter & circonscrire par de certaines bornes, *excepto tantummodo Cimiterio benedicto quod certis metis limitari fecimus & distingui.* L'Evêque auroit-il béni un Cimetière, s'il n'y avoit pas eu de Paroissiens ? Comme il étoit nécessaire de tracer & d'ouvrir un chemin devant l'Eglise S. Nicolas pour aller jusqu'à la Seine, l'Evêque convint que l'espace en seroit pris sur celui du Cimetière, *per medium Cimiterium via fiet.* Enfin il est convenu que le Prêtre de S. Nicolas ne pourra exiger les droits curiaux de ceux de la Maison de S. Victor, ou qui demeureront dans cette Abbaye, sinon dans le cas où ils auroient leurs femmes & leurs familles dans l'étendue de ladite *Paroisse* S. Nicolas : *Statuimus etiam ut PRESBITER prædictæ Ecclesiæ sancti Nicolai, quicumque fuerit, nullum jus PAROCHIALE possit petere in familiâ sancti Victoris, vel quacumque personna alia in eadem Ecclesia commorante, occasione PAROCHIÆ superiùs nominatæ : quod si aliquis de familia dictæ Ecclesiæ sancti Victoris uxorem & familiam in PAROCHIA sancti Nicolai habuit, in ipsâ familiâ sicut in aliis, PAROCHIANIS suis, PAROCHIALE jus habebit.* J'ai cru devoir me livrer à l'analyse de cet Acte, pour pouvoir avancer avec confiance que les expreſſions d'*Egliſe*, de *Prêtre*, de *Cimetière*, de *Paroiſſiens* étoient une preuve que la Chapelle S. Nicolas étoit dès-lors érigée en Cure, & qu'il ne s'agiſſoit que de la rebâtir, ou agrandir, attendu le nombre de ceux qui étoient venus demeurer au Chardonnet. On avoit beſoin, pour cette augmentation, d'un terrein qui ne faiſoit point partie des cinq quartiers concédés en 1230; on en demande encore 432 toiſes, & l'Abbé & le Couvent de S. Victor les accordent par l'Acte que je viens de rapporter en ſubſtance. Du Breul (*x*), qui n'avoit pu découvrir la première conceſſion de 1230, le donne clairement à entendre : « Nous. » n'avons, dit-il, Lettres de la première Egliſe, » ains ſeulement de la ſeconde érigée *en lieu* » *proche*, par échange de MM. les Abbé & Cou- » vent de S. Victor. »

4° Si l'Egliſe de S. Nicolas n'eût pas été Paroiſſiale, pourquoi cette intervention, *cette vo- lonté, ce conſentement du Prêtre* qui la deſſervoit? Devoit-on le requérir, ou même l'admettre ? L'Evêque ſeul devoit contracter ou tranſiger en ſon nom, ſans l'adjonction du Curé futur d'une Paroiſſe qui n'exiſtoit pas encore. Mais tout combat cette idée : il y avoit un Prêtre à S. Nicolas, c'eſt-à-dire, un Curé ; il avoit une petite Egliſe & un Cimetière que l'Evêque avoit béni & fait borner ; il falloit prendre une partie de ce Cimetière pour faire une rue ; il falloit céder, pour l'utilité publique, un terrein qui pouvoit faire

____

(*x*) Page 435.

partie du domaine de ce Curé ; il pouvoit demander une indemnité ; il étoit donc néceſſaire qu'il intervînt, & qu'il conſentît aux arrangements que MM. de S. Victor deſiroient. Un ſimple Deſſervant d'une Chapelle ne devoit être ni appelé ni conſulté ; mais on ne pouvoit ſe paſſer du conſentement & de l'approbation d'un Curé. Ce ſont ces raiſons qui m'ont déterminé à croire & à dire que la Cure de S. Nicolas exiſtoit avant 1243, & que les termes de l'Acte, *ad Eccleſiam ſancti Nicolai conſtruendam*, ne doivent s'entendre ni du premier bâtiment, ni de l'érection d'une Chapelle en Cure, mais de la conſtruction d'une nouvelle Egliſe, ou de l'agrandiſſement de celle qui ſubſiſtoit depuis treize ans. Pour en conſtater l'antiquité, je ne m'appuyerai pas ſur l'autorité de du Breul (*y*), ſuivie par Malingre, & adoptée par Sauval (*z*) & par la Caille, qui prétendent que cette Egliſe ſubſiſtoit en 1166. Pour le prouver, ils indiquent une Bulle d'Alexandre III, de cette année, rapportée au grand Paſtoral de l'Egliſe de Paris, (liv. 19, chatte 1.) Il eſt vrai que cette Bulle fait mention d'une rente de 25 liv. affectée aux Clercs de Matines à Notre-Dame, ſur les revenus de la Cure de S. Nicolas du Chardonnet ; mais je ne comprends pas comment les Auteurs que je viens de citer, qui ſe ſont copiés les uns les autres, n'ont pas fait attention que cette Bulle ne pouvoit pas être attribuée à Alexandre III, mort le 27 Août 1181, puiſque le terrein ſur lequel l'Egliſe S. Nicolas du Chardonnet a été bâtie, n'a été acquis qu'en

---

(*y*) Pag. 436. | (*z*) Tom. 1, pag. 455.

1230. J'obſerve encore, 1° que le Paſtoral (*a*) d'où cette Bulle eſt tirée, n'indique point par l'adjectif numéral ordinal quel eſt ce Pape Alexandre ; qu'on ne l'a point mis en note ainſi que les autres, non plus que l'année. 2° Que pluſieurs des Chartes inſérées dans ce Paſtoral n'y ſont pas rangées par ordre alphabétique. 3° Que de ſemblables Bulles ne s'accordent que pour confirmer les conceſſions précédemment faites. Or, ce n'eſt qu'en 1260 que cette rétribution fut accordée aux Clercs de Matines par Renaud de Corbeil, Evêque de Paris (*b*). On voit par les Lettres qu'il fit expédier à ce ſujet au mois d'Août de ladite année, 1° que pour augmenter le revenu des Clercs de Matines, le Chapitre fut chargé de leur payer 20 liv. par an, en attendant que par mort ou par ceſſion du Curé de S. Merri, cette ſomme pût être perçue ſur les revenus de ladite Cure ; 2° qu'on leur paieroit 25 liv. à prendre également ſur ceux de la Cure de S. Nicolas du Chardonnet. Cette première conceſſion de 20 liv. fut confirmée par Alexandre IV, le 3 des Ides de Juillet ; d'où j'infére que c'eſt ce Pape, & non Alexandre III, qui a confirmé la conceſſion des 25 liv. ſur la Cure de S. Nicolas. Il eſt vrai que cette Bulle eſt datée d'Anagnie, l'an 12 de ſon Pontificat ; c'eſt une erreur de Copiſte, ce Pape n'ayant occupé la Chaire de S. Pierre que 6 ans, 5 mois & un jour. Mais la date de la première Bulle du 7 des Ides de Février, l'an 7 de ſon Pontificat, lui convient parfaitement bien. L'Evêque accorde

---

(*a*) Paſtoral A. p. 545

(*b*) Arch. de l'Archev.—Gall. Chr. t. 7, Inſtr. col. 111,

ses Lettres le 30 ou le 31 Août 1260; Alexandre IV les confirme le 7 Février suivant, & cette date concourt avec la septiéme année de son Pontificat, ayant été élu le 25 Décembre 1254.

Si les Auteurs que j'ai cités, & qui m'ont engagé dans cette discussion, se sont trompés en donnant à l'Eglise S. Nicolas une origine trop ancienne d'environ soixante-quatre ans, il y en a aussi (c) qui ont fait une faute toute contraire, en l'indiquant comme une Chapelle bâtie en 1247, érigée en Paroisse en 1300. Cette Eglise fut dédiée par Jean de Nant, Evêque de Paris, le 13 Mai 1425 (d). Cette date a fait croire à du Breul qu'elle avoit été rebâtie vers ce temps-là; je n'en ai trouvé aucune preuve, ni même aucun indice. Il faut remarquer qu'elle avoit d'abord été construite vers l'Orient d'hiver, & le long du canal de la Bièvre; mais ce canal ayant été supprimé, & l'Eglise commençant à tomber en ruine, on prit, en 1656, le parti d'en construire une nouvelle à côté de l'ancienne & dans une direction opposée: elle n'étoit pas finie, lorsqu'elle fut bénite, le 15 Août 1667, par M. de Péréfixe, alors Archevêque de Paris. Les bâtiments, interrompus ensuite pendant plusieurs années, furent enfin repris en 1705, & achevés en 1709, à la réserve du portail qui n'est pas encore achevé.

+ Le Séminaire Saint-Nicolas du Chardonnet. Il est situé près l'Eglise dont je viens de parler. Ce n'étoit dans le commencement qu'une Société de dix Ecclésiastiques, que M. Adrien

---

(c) Tabl. Parif. **pag.** 58. | (d) Gall. Chr. t. 7, col. 145.

Bourdoise, l'un d'eux, avoit réunis en 1612 au Collége de Rheims où il demeuroit alors. L'objet que l'Instituteur se proposoit, étoit de faire des Conférences pour ceux qui se destinent à la Prêtrise ; M. Bourdoise n'en avoit pas encore reçu l'Ordre, il ne fut élevé à la dignité du Sacerdoce que l'année suivante. Cette petite Communauté, qu'il avoit formée de Sujets choisis & capables d'entrer dans ses vues, le suivit dans les Colléges du Mans, du Cardinal le Moine & de Montaigu dans lesquels il demeura successivement. Enfin, après plusieurs épreuves, ces Ecclésiastiques se consacrèrent, en 1618, à l'instruction des jeunes Clercs. En 1620, ils allèrent demeurer près S. Nicolas du Chardonnet, dans une maison appartenant au sieur Guillaume Compaing, l'un d'entre eux ; mais, comme elle n'étoit pas assez grande, ils se placèrent, en 1624, au Collége des Bons-Enfants. Les services qu'ils rendirent à la Paroisse S. Nicolas, engagèrent M. Georges Froger, qui en étoit alors Curé, à se les attacher. Sauval (e) a rapporté les conventions qui furent faites entre eux, sous signatures privées, le 26 Juillet 1631, & rédigées ensuite en Acte public le 11 Octobre suivant. M. l'Archevêque ayant approuvé cette institution le 24 du même mois, elle fut autorisée par Lettres-Patentes du mois de Février suivant. Ces Prêtres acquirent en conséquence une maison meublée convenablement & un jardin contigu, pour être possédés par eux en commun, & cette acquisition fut confirmée par d'autres Lettres-Patentes du mois de Mai

____

(e) Tom. 3, pag. 180.

1632, enregiftrées le 8 du même mois. C'eft apparemment fur la date de ces dernières Lettres que fe font fondés l'Abbé Lebeuf & MM. de la Barre, Piganiol, Robert, &c. pour placer l'époque du Séminaire S. Nicolas en 1632. Son origine eft plus ancienne, comme je viens de l'obferver, fi l'on confidère le temps de la réunion de fes premiers Membres; & poftérieure de douze ans, fi l'on envifage que l'inftitution légale du Séminaire : on ne peut pas même dire que les Lettres-Patentes de 1632 foient une approbation, ou une confirmation, de la Communauté des Prêtres de S. Nicolas; leur établiffement y eft cenfé & réputé déja formé, puifqu'elles approuvent l'acquifition qu'ils avoient faite. Ils obtinrent, au mois de Novembre 1643, des Lettres-Patentes qui les autorifoient à recevoir des legs & des donations. Ce fut peut-être le refus que le Parlement fit alors de les enregiftrer, qui leur procura un établiffement légal. Le 20 Avril 1644, M. l'Archevêque érigea cette Communauté en Séminaire, & le fit autorifer par Lettres-Patentes du mois de Mai fuivant. Le Parlement, en les enregiftrant, crut devoir y mettre quelques modifications; mais le Roi en accorda de nouvelles, le 21 Mai 1661, qui en ordonnoient l'enregiftrement pur & fimple, & le Parlement s'y conforma le 25 du même mois (*f*).

Les bâtiments de ce Séminaire ont été beaucoup augmentés depuis cette époque; on a même fait élever, en 1730, une grande maifon où ces Prêtres reçoivent, à titre de Penfionnaires, les

---

(*f*) Hift. de Paris, t. 5, p. 83 & 184.

Etudiants qui fe deftinent à l'état eccléfiaftique,
& qui les Dimanches & Fêtes font partie du Clergé
de la Paroiffe.

LE COLLÉGE DU CARDINAL LE MOINE. Il
doit fon nom & fa fondation à Jean le Moine,
Cardinal, mal-à-propos qualifié Evêque de Meaux
par quelques Hiftoriens. Boniface VIII l'envoya
en France en qualité de Légat, pour terminer
les différents furvenus entre lui & Philippe le
Bel, qui ne font que trop connus dans l'Hiftoire. Quelques talents qu'eût le Cardinal qui
étoit né fujet du Roi, il ne devoit pas fe flatter
de pouvoir concilier l'indépendance de la Couronne & la fouveraineté abfolue que nos Rois
ne tiennent que de Dieu feul, avec les préten-
tions ambitieufes d'un Pape qui croyoit avoir
droit de difpofer des Couronnes à fon gré, & qui
oublioit que J. C. dont il tenoit fon autorité,
avoit déclaré lui-même que fon Royaume n'étoit
pas de ce monde. Sa négociation fut infructueufe;
mais, pendant le peu de temps qu'elle dura, il
mit la dernière main au projet qu'il avoit formé
de fonder un Collége à Paris. Corrozet (*g*), Belleforeft (*h*), Sauval & la Caille en fixent l'époque
en 1296, & je ne fais fur quoi ils fe font fondés; M. Fleury (*i*), l'Abbé Lebeuf (*k*), M. Piganiol (*l*) & G. Brice (*m*) en 1303, & le P. Dubois
en 1304 (*n*). Je crois cependant qu'il eft plus exact

(*g*) Corrozet, fol. 105. v°.
(*h*) Cofmogr. univ. p. 195.
—Sauval. t. 1, p. 362.
(*i*) Hift. Eccl. liv. 90, art. 27.
(*k*) Tom. 2, p. 560.
(*l*) Tom 5, p. 290.
(*m*) Brice, t. 2, p. 451.
(*n*) Hift. Eccl. Parif. tom. 2, pag. 530.

de placer cette fondation en 1302, parce que,
1° ce fut en cette année que le Cardinal le Moine
fit acheter la Maison, la Chapelle & le Cimetière que les Augustins avoient au Chardonnet;
2° parce que le statut de fondation fut dressé le
premier Mai 1302, & approuvé le 4 du même
mois par Boniface VIII (o), avant la Légation de
Jean le Moine en France, dont la commission ne
fut expédiée que le 24 Novembre suivant (p);
3° enfin, parce que dès le commencement de
l'année 1303, ce Cardinal augmenta la dotation
de son Collége de deux maisons situées à Ville-
neuve-le-Comte en Brie, qu'il donna *aux pauvres*
Maîtres & Ecoliers étudiant à Paris dans la Maison
du Chardonnet. Ces termes indiquent clairement
que ce Collége existoit déja. On retrouve les
mêmes expressions dans la confirmation que Philippe le Bel en accorda dans le même temps : on
voit dans les Lettres de Boniface qu'il n'y avoit
alors que deux Maîtres en Théologie, & quatre
Etudiants dans la Faculté des Arts; mais, par les
Statuts, le Cardinal ordonne qu'il y aura dans
ce Collége soixante Artiens & quarante Théologiens. Par une prévoyance bien sage, dont les
Boursiers n'ont pas su profiter depuis, le Fondateur ayant égard aux changements qui pouvoient
survenir dans la monnoie, & qui étoient fort fré-
quents alors, régla la valeur des Bourses, & fixa
celle de chaque Théologien à six marcs d'argent
pur au poids de Paris, & à quatre marcs celle de
chaque Artien : enfin il ordonna que ce Collége

(o) Crevier, Hist. de l'Université, t. 2, p. 214.

(p) Hist. Eccl. sup. art. 19.

feroit appelé *la Maifon du Cardinal.* Je ne parle pas des autres Statuts qu'il fit en 1308, 1310 & 1313 ; mais je dois obferver que, le 4 Mai 1308, il obtint une Bulle de Clément V, qui donnoit au Chapelain de ce Collége la charge des ames de tous ceux qui l'habitoient. Ainfi cette Chapelle fut érigée en Cure du confentement & par la permiffion de Guillaume de Baufet, Evêque de Paris, qui fit expédier fes Lettres en conféquence le 30 Août de la même année (*q*). M. de la Barre a été mal informé fur ce qu'il a dit à ce fujet : il avance (*r*) que « dans le nombre des » Théologiens il y a un Chapelain *amovible,* qu'on » appelle *Curé*; ce qui vient de ce qu'il y avoit » dans le lieu abandonné par les Auguftins, une » Chapelle de *S. Remi* & un Cimetière. » 1° La Cure attachée à la Chapelle de ce Collége eft en titre, & celui qui la deffert n'eft point amovible. Ce qui a pu tromper cet Auteur, c'eft que cette place doit être remplie par un Bourfier Théologien, & que, fuivant les Statuts, les Bourfiers ne devoient réfider dans ce Collége que pendant neuf ans ; mais, par l'article 26 de l'Arrêt de Réglement, dont je parlerai ci-après (*s*), il fut décidé qu'après l'expiration du temps fixé pour fa Bourfe, elle feroit impétrable, mais qu'il demeureroit toujours Curé, retiendroit la chambre qu'il avoit étant Bourfier, & feroit payé d'un honoraire convenable & fixé par ledit Arrêt. 2° La Chapelle des Auguftins & celle du Collége dont je parle, n'ont jamais eu S. Remi pour Patron ;

(*q*) Hiff. de Paris, tom. 5, p. 612.

(*r*) Tom. 5. p. 458.
(*s*) Hiff. de Paris, t 4, p. 715.

on a confondu le nom de ce Saint avec celui de S. Firmin, Evêque d'Amiens & Martyr, Patron de cette Chapelle, qu'on a vraisemblablement choisi parce qu'il est celui de la nation de Picardie, que le Cardinal le Moine, né à Créci, Diocèse d'Amiens, a eu principalement en vue, & que l'on appeloit anciennement S. Frémi. Une seconde source de l'erreur pourroit venir de ce que l'Eglise célèbre le même jour 13 Janvier la mort de S. Remi, (quoique sa Fête soit fixée au premier Octobre), & la Translation de S. Frémi ou Firmin. Cette Fête se solemnisoit autrefois dans ce Collége avec des particularités singulières dont les Historiens de Paris (*t*) ont grossi leurs descriptions ; on les avoit supprimées plusieurs années avant le temps auquel ils ont écrit, cependant ils les ont rapportées comme si elles subsistoient encore : on nommoit cette Fête *la Solemnité du Cardinal.*

Dès le XVIᵉ siécle, il survint des changements dans ce Collége ; il n'y avoit alors que quatorze Boursiers Théologiens & quatre Artiens : le Parlement, en exécution de deux Lettres-Patentes du Roi des 17 Juin & 24 Novembre 1544, donna un Arrêt de Réglement pour la réformation de ce Collége le 2 Avril 1545, par lequel, outre le Grand-Maître, le Principal, le Prieur, le Curé, les deux Chapelains & les Régents, il ordonna qu'il y auroit à l'avenir dix-huit Boursiers Théologiens & six Artiens ; ce qui s'observe encore aujourd'hui. Il n'y a plus maintenant qu'un

---

(*t*) Le Maire, t. 2, p. 502.—Hist. de Paris, t. 1, p. 506.—Piganiol, t. 5, p. 297.

Chapelain que le Grand-Maître nomme tous les ans, ainfi qu'il eft porté par un Arrêt de Réglement du 12 Août 1765. En 1757, on a fait des réparations confidérables dans cette Maifon ; le Portail de la Chapelle a été conftruit à neuf, & le Maître-Autel a été rebâti & décoré. La Cure fubfifte toujours, mais la Chapelle eft à préfent fous le titre de S. Jean l'Evangélifte.

LE COLLÉGE DES BONS-ENFANTS, OU LE SÉMINAIRE SAINT-FIRMIN. Quelques recherches que j'aie faites, il ne m'a pas été poffible de découvrir quand & par qui ce Collége a été fondé : il ne me paroît guère vraifemblable qu'on puiffe en faire honneur au Roi Robert, comme on l'avance dans un *Factum*, ou *Traité hiftorique pour l'Univerfité de Paris*, publié en 1689 (pag. 44) ; je crois qu'il eft plus plaufible d'en fixer l'origine fous le régne de S. Louis. Le filence des Hiftoriens anciens & le défaut de monuments qui en faffent mention, ne me permettent pas de lui affigner, avec quelque certitude, une époque plus reculée. S'il y avoit eu dans les Archives de l'Univerfité quelques Titres pour conftater l'antiquité qu'on lui attribue dans le Factum que je viens de citer, il eft probable qu'ils n'auroient point échappé aux recherches de ceux qui nous en ont donné l'hiftoire, ni à celles de l'Auteur du *Mémoire fur le Collége des Bons-Enfants*, imprimé en 1764. Il adopte l'idée de cette antiquité, & en conclut que ce Collége eft de fondation Royale ; mais malheureufement il n'en donne aucune preuve. M. Piganiol (*u*) dit

____

(*u*) Tom. 5, pag. 288.

« que quelques-uns prétendent que ce Collége
» fut fondé, en 1250, par Gautier de Château
» Thierri, Evêque de Paris ; que nous n'avons
» cependant rien de plus ancien sur son sujet que
» la permission que Renaud, Evêque de Paris,
» accorda, en 1257, aux Boursiers qui l'occu-
» poient, d'avoir une Chapelle intérieure, sans
» préjudice des droits du Curé de S. Nicolas du
» Chardonnet. » 1° Je ne connois aucun Auteur
qui ait dit que Gautier de Château-Thierri *ait
fondé ce Collége en 1250* : ce seroit un anachro-
nisme, car cet Evêque est mort en 1249. 2° M.
Piganiol, en parlant de la concession faite en
1257 d'une Chapelle *aux Boursiers qui occupoient*
le Collége des Bons-Enfants, a du remarquer
qu'ils existoient donc avant cette époque. On
n'en peut pas douter en effet, puisqu'il y a des
Actes antérieurs qui en font mention ; on les
trouve nommés dans un Testament fait en 1247 (*x*),
par lequel une Dame, appelée Géneviève, leur
légue 10 sols, & 5 sols aux Bons-Enfants de S.
Honoré. Les Historiens de l'Eglise & de l'Université
rapportent (*y*) une Bulle d'Innocent IV, donnée
à Lion le 8 des Calendes de Décembre, l'an 6
de son Pontificat, ce qui revient au 24 Novembre 1248, par laquelle ce souverain Pontife, à
la réquisition de Gautier (de Château-Thierri),
Administrateur de la Maison des Bons-Enfants,
leur permet d'avoir une Chapelle, & engage
l'Evêque à leur en accorder le droit. Gautier
n'étoit alors que Chancelier de l'Eglise de Notre-

___

(*x*) Cartul. S. Magl.—Le-   (*y*) Hist. Eccl. Paris. tom. 2,
beuf, t. 2, p. 560.   pag. 414.—Hist. Univ. tom. 3,
    pag. 217.

Dame. L'année fuivante il fut élu Evêque de Paris, & mourut quelques mois après. Renaud de Corbeil, fon fucceffeur, n'accorda cette permiffion qu'en 1257, foit qu'il y eût eu des oppofitions, foit que dans ce temps ils euffent fait rebâtir ou agrandir leur Maifon, foit enfin, ce qui eft affez probable, que la modicité du revenu de ces *pauvres Ecoliers* ne leur eût pas permis plutôt de faire bâtir cette Chapelle. Il paroît qu'Eudes le Roux, *Odo Rufus*, la fit conftruire à fes frais. Quelques années après Matthieu de Vendôme, Abbé de S. Denys, y fonda une Chapellenie au nom & comme exécuteur du teftament de Gui Renart, Médecin du Roi (*z*), & affigna au Chapelain une rente de 15 liv. qu'il avoit achetée des héritiers Flament, & qui fut amortie par Lettres de Philippe le Hardi, du mois d'Août 1284 (*a*). Cette nouvelle fondation fut approuvée par Ranulphe ou Renoul d'Homblières, Evêque de Paris, au mois de Juin 1287 (*b*). Une reconnoiffance de 40 fols de rente que les Bons-Enfants devoient à l'Evêque, & dont ils pafsèrent Acte au mois de Juillet 1314, prouve qu'alors il y avoit neuf Bourfiers dans ce Collége. Le fieur Pluyette, qui en fut Principal, y fonda deux Bourfes par fon Teftament du 4 Septembre 1478.

Le malheur des temps, la modicité des revenus & la caducité des maifons avoient prefque ruiné ce Collége, lorfque la Principalité & la Chapellenie en furent données à M. Vincent de Paul

---

(*z*) Gr. Cartul. de l'Evêché, fol. 330, cart. 527 & 528.   (*a*) Ibid. fol. 2 v°, cart. 7. (*b*) Ibid. fol. 339, cart. 544.

le 1er Mars 1624. Ce fut dans cette Maison qu'il jetta les premiers fondements de la Congrégation de la Mission, à laquelle ce Collége fut uni, par Décret du 8 Juin 1627, confirmé par Lettres-Patentes du 15 Septembre suivant. (Voyez l'article de S. Lazare, Quartier IX, pag. 60.) Comme cette Congrégation n'avoit pour principal objet que de faire des Missions, sur-tout à la campagne, l'Instituteur crut y parvenir plus facilement, en formant sous ses yeux & sous ceux des vertueux Prêtres qu'il s'étoit associés, de jeunes Ecclésiastiques qui pussent par la suite procurer aux peuples les instructions nécessaires ; ainsi l'on peut considérer à cette époque la Maison de la Mission comme un véritable Séminaire. Jean-François de Gondi, premier Archevêque de Paris, qui avoit autorisé l'établissement des Prêtres de la Mission, ne l'envisageoit pas sous un autre point de vue ; puisque, par son Mandement du 21 Février 1631, il obligea les jeunes Clercs de son Diocèse qui aspiroient aux Ordres, de faire au Collége des Bons-Enfants une retraite de dix jours pour s'y préparer. Les Lettres-Patentes de 1714 semblent lui donner moins d'ancienneté, en disant que ce Séminaire a été établi près la Porte S. Victor, il y a 70 ans : on peut même dire qu'il ne l'a été dans les formes légales que par le Décret d'E-rection que M. le Cardinal de Noailles rendit en 1707, & qui fut confirmé par Lettres-Patentes du mois de Janvier 1714, enregistrées le 15 Mars suivant.

Les Lettres-Patentes du 21 Novembre 1763, qui ordonnent la réunion au Collége de l'Uni-versité de tous les Colléges sans exercice, n'ayant

pas

pas mis celui des Bons-Enfants dans le cas de
l'exception , comme ceux des Ecoſſois & des
Lombards , les Commiſſaires de l'Univerſité ſe
ſont crus fondés à demander cette réunion ; mais
le Roi, par ſes Lettres-Patentes du 22 Avril 1773,
enregiſtrées le 31 Juillet ſuivant , a ordonné que
la Principalité , Chapellenie , terreins & bâtiments
du Collége des Bons-Enfants ſeront & demeureront
réunis à la Congrégation de la Miſſion ; mais que
les autres biens & les Bourſes de ce Collége ſeront
réunis au Collége de Louis le Grand , conformément aux Lettres-Patentes du 21 Novembre 1763 ,
& à l'Arrêt du Parlement du 8 Mai 1769.

RUE DU FAUXBOURG S. VICTOR. Elle commence aux coins des rues des Foſſés S. Victor &
S. Bernard , & finit au carrefour de la Pitié. Cette
rue ſe prolongeoit ci-devant juſqu'à la Croix de
Clamart ; mais , comme je l'ai dit ci-deſſus , cette
partie a été diſtinguée ſous le nom de rue *du
Jardin du Roi.* Nous avons quelques Plans ſur
leſquels elle eſt appelée rue *S. Victor* , parce qu'elle
en fait la continuation: cette erreur eſt autoriſée
par les Inſcriptions gravées à ſes extrémités. Mais
la rue S. Victor devoit naturellement finir à la
porte , & celle du Fauxbourg commencer à la
ſortie. C'eſt pour me conformer aux Actes , que
j'ai cru devoir les diſtinguer.

Dans cette rue il y en avoit anciennement
une autre appelée rue *d'Aleps* , qui ſe prolongeoit
juſqu'au grand Chemin le long de la Rivière , &
qui , de ce côté , étoit terminée par une porte.
En parlant de la rue de Seine , j'ai remarqué qu'en
1576 MM. de S. Victor avoient eu ordre de la
faire murer. Les Titres de cette Abbaye nous

apprennent que cette rue ou chemin coupoit un terrein labouré nommé d'abord *terre d'Alez* ou *d'Aleps*, & enfuite *du Chardonnet*, & qu'il lui fut donné par Louis le Gros, ainfi qu'il eft conftaté par la Charte de Charles VI du 6 Février 1411. Je crois que c'eft fans aucun fondement que quelques Hiftoriens ont prétendu que ce nom venoit d'Alix ou Adélaïde de Savoie, époufe de Louis le Gros.

L'ABBAYE SAINT-VICTOR. Nous avons une foule de monuments qui atteftent la célébrité de cette Abbaye, ainfi que le nombre des Savants & des Hommes illuftres qu'elle a produits ; mais je n'en ai point trouvé qui conftatent fa véritable origine, ainfi je ne puis me livrer à cet égard qu'à des conjectures. Les Annales manuf-crites de cette Maifon font mention d'un Monaf-tère exiftant avant le XIIe fiécle ; la Chronique d'Albéric (c) parle d'un Prieuré de Moines noirs de Marfeille, & celle de Jumieges de l'établiffe-ment de Chanoines Réguliers dans un lieu hors la Ville de Paris, où il y avoit une Chapelle de S. Victor Martyr. Pour prouver cette exiftence, du Boulai (d) & les Hiftoriens de Paris (e) citent une Charte de Philippe I, de 1085, foufcrite par Anfelme, Abbé de S. Victor de Paris. M. Piga-niol (f) en conclud qu'alors il y avoit en ce lieu une Communauté de Moines dont cet An-felme étoit fupérieur. L'Abbé Lebeuf (g) n'avoit apparemment fait aucunes recherches à ce fujet,

---

(c) Ad annum 129.
(d) Hift. Univ. Parif. t. 2, p. 24 & 39.

(e) Hift. de Paris, t. 1, p. 145.
(f) Tom. 5, p. 260.
(g) Tom. 2, p. 542.

puiſqu'il dit *qu'il ſera permis d'en douter juſqu'a ce qu'on produiſe cette Charte, qu'il n'a vue nulle part.* C'eſt aſſurément ſa faute, car elle ſe trouve tranſcrite dans les Regiſtres du Châtelet (*h*), & imprimée dans le P. Labbe (*i*), dans les Antiquités de la Ville & du Duché d'Etampes, par Baſile Fleureau (*k*), dans Chopin (*l*), la Roque (*m*), Favyn, &c. (*n*) Je ne diſſimulerai cependant pas que cette Charte porte avec elle des caractères de ſuſpicion auxquels il n'eſt guère poſſible de ſe refuſer, pour peu qu'on ſoit verſé dans la Chronologie ; il n'y eſt point fait mention des Moines de S. Victor, comme le dit M. Piganol, elle leur eſt abſolument étrangère ; mais il eſt vrai qu'elle paroît ſouſcrite par Frère André, Abbé de S. Magloire, Frère Anſelme, *Abbé de S. Victor,* Frère Thibaud, Abbé de Sᵗᵉ Génevieve. Comment ceux qui ont cité cette prétendue Charte ne ſe ſont-ils pas aperçus que le temps où ces Abbés ont vécu, eſt poſtérieur de plus de 150 ans au règne de Philippe I ? Il eſt aiſé de prouver, 1º qu'en 1085 Hilgotus étoit Doyen de Sᵗᵉ Genevieve ; Haimon Abbé de S. Magloire, & qu'il n'y en avoit point à S. Victor ; 2º qu'il n'y a jamais eu d'Anſelme Abbé de S. Victor ; 3º qu'on peut faire la même obſervation ſur les autres ſignatures des principaux Officiers de la Couronne, dont les noms ſont différents de ceux qui rempliſſoient alors les premières charges de l'Etat. J'ai donc lieu de conjecturer, que cette Charte n'eſt

---

(*h*) Livre blanc, fol. 25.
(*i*) Nova Bibl. manuſc. t. 1, p. 655.
(*k*) Ed. de 1683, p. 78 & 79.
(*l*) De ſacra Pol. For. liv. 3,

tit. 2, nº 21 de l'édit. de 1579.
(*m*) Traité de la Nobleſſe, éd. de 1678, chap. 44.
(*n*) Hiſt. de Navarre, liv. 18, p. 1143.

pas plus vraie que le prétendu voyage d'Eudes le Maire à Jérusalem, pour raison duquel on dit que cette Charte lui fut accordée. Mais en supposant qu'elle soit à l'abri de tout soupçon, il feroit toujours vrai de dire que les trois Abbés nommés ci-dessus n'ont pu souscrire l'original de cette Charte, puisqu'elle leur est antérieure de plus de 150 ans, & que leurs signatures, si elles sont vraies, n'ont été apposées qu'à une copie. Cela est d'autant plus probable, qu'ils n'ont pas signé comme témoins; ils certifient simplement qu'ils ont vu & lu cette Charte : *Testificor me vidisse privilegium illustrissimi Regis Philippi, & verbo ad verbum legisse prout continetur in præsenti scripto.* Je me confirme d'autant plus dans cette opinion, qu'elle me paroît justifiée par la copie même de cette Charte : elle est signée d'abord par les grands Officiers de la Couronne, suivant l'usage alors établi ; ensuite par ceux qui étoient présents, *interfuerunt* ; après sont les signatures de ceux qui certifient l'avoir vue & lue, ce qui semble indiquer qu'ils n'étoient pas présents, mais qu'on leur a représenté ce titre, qu'ils ont lu & dont ils rendent témoignage. Eh! comment auroient-ils pu être présents alors ? André étoit Abbé de S. Magloire en 1248; la même année, Ascelin, Abbé de S. Victor, mal-à-propos nommé Anselme, assista Guillaume III, Evêque de Paris, dans les derniers moments de sa vie, & nous avons une Bulle d'Innocent IV, adressée en 1249, à Thibaud, Abbé de Ste Géneviève (o).

On ne peut donc rien avancer de positif sur la première fondation de la Chapelle S. Victor ; mais

____

(o) Gall. Christ. t. 7, col. 316, 677 & 741.

il eſt certain qu'elle exiſtoit avant la fondation de Louis le Gros , puiſque Guillaume de Champeaux s'y retira avec quelques-uns de ſes Diſciples en 1108 , & qu'il y forma cette Ecole célèbre qui produiſit tant de grands Hommes. Ce fut ſans doute pour la rendre plus floriſſante que Louis le Gros y fonda , en 1113 , une Abbaye : il déclare lui-même dans ſa Charte, qu'il a voulu doter des Chanoines Réguliers dans l'Egliſe du bienheureux Victor : *in Ecclefia beati Victoris..... Canonicos regulariter viventes ordinari volui* (*p*). Dans l'Epitaphe de ce Roi ,, ce lieu eſt appelé *vetus Cella* (*q*); & Robert du Mont , Auteur contemporain , dit que Guillaume de Champeaux établit un Monaſtère de Clercs dans un endroit où il y avoit une Chapelle de S. Victor, Martyr : *M. Guillelmus de Campellis aſſumptus habitum Canonici regularis, cum aliquibus Diſcipulis ſuis, extra Urbem Pariſienſem, in loco ubi Capella quædam erat ſancti Victoris, Martyris, cœpit Monaſterium ædificare Clericorum* (*r*). Ainſi l'on ne peut douter qu'il n'y eût, au commencement du XIIIe ſiécle , une Chapelle de S. Victor au même endroit où eſt aujourd'hui l'Abbaye qui porte ce nom ; mais je n'ai trouvé aucune preuve qu'il y eût des Moines noirs de S. Victor de Marſeille , c'eſt-à-dire , des Bénédictins, quoique M. Baillet ait ſuivi cette opinion (*s*), ni qu'ils en aient été chaſſés, ni que Hugues de S. Victor leur ait ſubſtitué , par ordre du Roi, des Chanoines Réguliers de S. Ruf, de la ville de Valence, comme l'avance Albéric dans ſa Chro-

---

(*p*) Hiſt. Univ. t. 2, p. 37. — Du Breul , p. 405.
(*q*) Ibid. pag. 408.

(*r*) De Immutat. Ord. Monach. cap. 5.
(*s*) Baillet, au 21 Août.

nique (*t*). Quoique cet Auteur fût contemporain, il est certain que Huges de S. Victor, né en 1097, ne pouvoit pas être Chanoine Régulier en 1108, ni avoir introduit à S. Victor les Chanoines qui demeuroient en ce lieu lorsque Guillaume de Champeaux s'y retira la même année. Je ne crois pas devoir adopter non plus l'opinion de l'Abbé Lebeuf (*u*), qui dit « que les biens que l'Eglise » de Paris a eu dès le VIe siécle, en Provence, » & notamment à Marseille, ont pu former quel- » que relation entre le Clergé, ou entre les Moi- » nes des deux Villes ; qu'il a pu se faire encore » que *les Moines qui furent établis en la Basilique* » *de S. Pierre* (Ste Généviève) sur la montagne » proche Paris, fussent des Cassianites qui au- » roient eu au bas de la montagne une Ferme » pour leurs terres & leurs prés, avec un Ora- » toire du titre de S. Victor. » Tous ces témoi- gnages ne sont fondés que sur le nom de *vieille Celle*, qu'on lit dans l'Epitaphe de Louis le Gros. On appeloit *Celle* une petite maison, une ferme, une métairie appartenant à un Monastère : on nommoit un Religieux pour y résider, veiller à la culture, recueillir les fruits & percevoir les revenus. Comme quelques-unes de ces Celles étoient considérables, on donna des adjoints au Religieux Cellérier pour l'aider dans ses occupa- tions & chanter avec lui l'Office divin. L'Assem- blée d'Aix-la-Chapelle, tenue en 817, ayant or- donné, par le 26e article (*x*), qu'il y eût au moins six Religieux ou Chanoines, les Celles devinrent

---

(*t*) Chron. ad ann. 1129. | (*x*) Fleury, Hist. Eccl. liv. 46,
(*u*) Tom. 2, pag. 541. | n° 28.

de petits Monaſtères, & le Religieux qui étoit à la tête prit le titre de *Prieur de ſes Frères.* Ainſi, de ſimple Agent ou Procureur, il devint le Chef de ſa Communauté. Telle eſt, à ce que je crois, l'origine de la plus grande partie des Prieurés.

Tout ce que nous ſavons donc de certain, c'eſt qu'il y avoit une Celle & une Chapelle de S. Victor au commencement du XIIe ſiécle, & que Guillaume de Champeaux choiſit ce lieu pour s'y retirer avec quelques-uns de ſes Diſciples : il étoit Archidiacre de Paris, & s'étoit rendu fameux par ſon éloquence & par ſes lumières ; il fut le maître d'Abailard, qui devint bientôt ſon rival, & qui ne s'eſt pas moins immortaliſé par ſes écrits que par ſa paſſion pour Héloïſe & par les malheurs qui en furent la ſuite. Le deſir de mener une vie plus tranquille & plus exemplaire, engagea Guillaume à renoncer à ſon Archidiaconé, & à prendre l'habit de Chanoine Régulier. Quelques-uns de ſes Diſciples, animés par ſon exemple, embraſsèrent le même genre de vie, tout auſtère qu'il étoit. A la perſuaſion de pluſieurs perſonnes qui gémiſſoient de voir ſes talents devenus inutiles, il reprit ſes anciens exercices ſcholaſtiques, & ſes leçons lui procurèrent de nouveaux Diſciples. Telle fut la première ſource de la célébrité de la Maiſon de S. Victor, dont les Membres furent bientôt appelés de toutes parts pour inſtruire, éclairer, édifier, & former des Congrégations ſur le modèle de celle de S. Victor. Guillaume de Champeaux fut élevé par ſon mérite, en 1113, à l'Epiſcopat de Châlons ; ce fut dans cette Ville, & la même année, que Louis le Gros ſe déclara Fondateur de la Maiſon de S. Victor, & lui donna les biens énoncés dans ſa Charte, qu'il augmenta depuis par un second Diplôme donné à Paris en 1125. A ses libéralités ce Prince ajouta le privilége qu'il donna aux Chanoines de se choisir un Abbé, sans requérir le consentement ni l'autorité du Roi ; & l'année suivante 1114, il fit confirmer ces dispositions par le Pape Pascal II, qui, à cet effet, donna une Bulle le 1er Décembre, adressée à Gilduin, Prieur de S. Victor, lequel peu après en fut choisi & nommé Ier Abbé. M. Piganiol (*y*) dit que Louis le Gros fit bâtir une Eglise à l'endroit même où étoit la Chapelle S. Victor, que l'on nomme aujourd'hui *la Chapelle de Notre-Dame de Bonne-Nouvelle.* Louis le Gros auroit pu faire construire une nouvellē Eglise, peut-être même contribua-t il par ses largesses à l'agrandissement de la Chapelle qui subsistoit alors ; mais celle dont parle M. Piganiol n'eût pas répondu à la dignité de l'Abbaye, ni à la piété généreuse du Fondateur. Les Annales manuscrites de S. Victor, par Jacques de Toulouse qui en a été Prieur perpétuel, n'en font point mention, & le Nécrologe de cette Abbaye en fait honneur à Hugues, Archidiacre d'Halberstat, Chanoine de S. Victor & oncle d'Hugues de S. Victor ; on y lit, au 3 des Nones de Mai : *Anniversarium solemne bonæ memoriæ Hugonis.... de quo hoc specialiter commendare & memoriæ tradere volumus, quod ejus sumptibus & impensis hujus nostræ Ecclesiæ ædificium factum & constructum est.* Cette Eglise, qui avoit été réparée par Jean Lamasse, trentiéme Abbé de S. Victor, & en partie par les libéralités de Charles VII, en 1448, fut presque entièrement re-

(*y*) Tom. 5, p. 262.

bâtie fous le régne de François I ; on ne con-
ferva de l'ancienne que l'entrée, le Clocher, la
Chapelle fouterraine, & partie de celle qui eft
derrière le Grand-Autel. La première pierre y fut
mife le 18 Décembre 1517 par Michel Boudet,
Evêque de Langres ; celle du Chœur fut pofée
par Jean Bordier, alors Abbé de S. Victor, qui
fit réparer tous les anciens édifices de cette
Maifon, & conftruire des murs autour de l'enceinte. Le Portail que nous voyons aujourd'hui
a été conftruit à neuf en 1760.

La Bibliothéque de S. Victor n'étoit compofée,
comme celles des autres Maifons Religieufes, que
de Manufcrits des Pères de l'Eglife & des Auteurs
fcholaftiques : l'Abbé Lamaffe l'augmenta, & Ni-
caife de Lorme, un de fes fucceffeurs, l'imita :
elle fut placée dans un nouveau bâtiment qu'il
fit conftruire à cet effet en 1496. Le Public y
trouve un libre accès depuis plus d'un fiécle : il
en a l'obligation à M. Henri du Bouchet, Confeiller au Parlement, qui, par fon Teftament du
27 Mars 1652, légua fa Bibliothéque à la Maifon
de S. Victor, à condition qu'elle feroit publique,
& laiffa un fonds annuel pour l'entretien : elle
eft devenue plus confidérable par le don que
M. Coufin, Préfident de la Cour des Monnoies,
fit de la fienne en 1707 : elle a été encore augmentée depuis par plufieurs donations du même
genre, & fpécialement par celle de M. du Tra-
lage qui l'a enrichie d'un recueil immenfe de Deffins, de Mémoires & de Cartes géographiques.

Vis-à-vis cette Abbaye, & dans l'efpace qui fe
trouve entre les rues, neuve S. Etienne, des
Foffés S. Victor & des Boulangers, étoit le clos
S. Victor, anciennement dit *le clos des Arènes* :

c'étoit là que, du temps des Romains, & de nos Rois de la première Race, étoient les Arènes & l'Amphithéatre, dont j'aurai occasion de parler ailleurs. Le Cimetière de la Pitié fut placé en cet endroit en 1641 ; auparavant, ceux qui mouroient dans cet Hôpital étoient enterrés dans le Cimetière S. Médard.

RUE DES FOSSÉS S. VICTOR. Elle commence à l'extrémité de la rue S. Victor, où étoit une des Portes de l'enceinte de Philippe-Auguste, qui fut rebâtie en 1570, & abattue en 1684, & finit à la rue neuve S. Etienne & à celle de Fourci. Son nom est dû aux Fossés sur l'emplacement desquels elle a été bâtie. Depuis la rue Clopin jusqu'à celle de Fourci, on l'appelle rue *de la Doctrine Chrétienne*; je la trouve désignée sous ce nom dans des Lettres-Patentes de 1689 : on le lui a donné à cause de la Congrégation qui s'y est établie, & dont je vais parler.

✛ LES PRÊTRES DE LA DOCTRINE CHRÉTIENNE. Ils doivent leur institution au vénérable César de Bus, qui, pénétré de zèle pour l'instruction chrétienne, & voyant avec douleur combien elle étoit négligée, s'associa quelques Ecclésiastiques pour former une Congrégation, dont cette instruction devoit faire le principal objet, sur-tout en faveur du peuple (z). Le projet de cet utile établissement fut formé à l'Isle dans le Comtat Venaissin, le 29 Septembre 1592, & approuvé

(z) Mémoire manuscrit communiqué par la Maison. —Hist. des Ordres monast. t. 4, p. 236 & suiv.

l'année fuivante par l'Archevêque d'Avignon , qui d'abord y deftina l'Eglife de Ste Praxéde , & le transféra enfuite dans celle de S. Jean le Vieux de la même ville d'Avignon , pour y faire les exercices du nouvel Inftitut. Le fuccès en fut fi marqué, qu'il engagea Clément VIII à le confirmer par fa Bulle du 23 Décembre 1597. Le Roi autorifa cet établiffement en France , fur l'avis de l'Affemblée du Clergé du 29 Septembre 1610 , & fit expédier en conféquence des Lettres-Patentes le 2 Octobre fuivant.

Le vénérable Céfar de Bus étant mort le 15 Avril 1607, fes Difciples defirèrent que la Congrégation devînt régulière , pour l'affermir & attacher irrévocablement fes Membres. On leur permit de s'unir à quelqu'une de ces Congrégations d'Italie, dont l'objet & les fonctions fuffent relatifs aux leurs. Paul V , par fon Bref du 11 Avril 1616 , unit & incorpora la Congrégation de la Doctrine Chrétienne à celle des Clercs Réguliers de S. Mayeul, communément appelés *Somafques.* Louis XIII approuva cette union par fes Lettres Patentes du mois d'Août 1617; mais elle ne fubfifta que pendant 30 ans : Innocent X, par fa Bulle du 30 Juillet 1647, fépara les deux Congrégations , & remit celle de la Doctrine Chrétienne dans l'état où elle avoit été approuvée par Clément VIII; il la confirma de nouveau comme Congrégation féculière , par deux Brefs des 30 Août 1652, & 16 Novembre 1654.

On voit par un Bref d'Alexandre VII , du 26 Septembre 1659 , qu'il permit aux Membres de cette Congrégation de faire les trois vœux fimples , & d'y joindre la promeffe de ftabilité , en déclarant cependant qu'ils pourroient en être difpenfés par le Chapitre général, ou par le Supérieur général & par fon Confeil. Ce Bref, conjointement avec celui du 30 Juillet 1647, fut approuvé & confirmé par Lettres-Patentes du mois de Décembre 1659, enregiftrées dans différents Parlements. Cette Congrégation en obtint encore de nouvelles au mois de Septembre 1726, par lefquelles le feu Roi, en confirmant la Congrégation dans fon état de fécularité, déclara que ceux qui auront fait les vœux fimples, ne feront plus admis, après l'âge de 25 ans, à recueillir aucunes fucceffions, ni en ligne directe, ni en ligne collatérale.

La Maifon de S. Charles, qui donne lieu à cet article, eft devenue le chef-lieu de la Congrégation ; le Supérieur général, qu'on élit tous les fix ans, y fait fa réfidence avec fon Confeil. Ce fut en 1626 que Jèan-François de Gondi, Archevêque de Paris, permit à ces Prêtres de fe fixer dans cette Capitale & dans tout fon Diocèfe : on voit dans fes Lettres du 28 Août de cette année, l'eftime qu'il faifoit de cette Congrégation, & la fuite a juftifié les éloges qu'il leur donne. En conféquence, le P. Vigier, troifiéme Supérieur général, acheta, le 16 Décembre 1627, l'Hôtel de Verberie, fitué rue des Foffés S. Victor, près la rue neuve S. Etienne. C'eft par erreur que l'Abbé Lebeuf nomme cette Maifon *l'Hôtel d'Albret*, & que les Hiftoriens de Paris, ainfi que leurs Copiftes, ont avancé que les bâtiments des Prêtres de la Doctrine Chrétienne ne furent commencés qu'en 1633. Ils occupèrent, auffi-tôt après leur acquifition, un petit corps-de-logis qui faifoit partie de cet Hôtel, & firent décorer une falle qui fervit de Chapelle ; ils firent enfuite conftruire , par parties , les bâtiments que nous voyons aujourd'hui. M. Miron, Docteur en Théologie , leur légua fa Bibliothéque , en 1705 , à condition qu'elle feroit publique : elle fut ouverte, pour la première fois, le 24 Novembre 1718 , & continue de l'être tous les mardis & vendredis.

Cette Congrégation ne s'eft jamais écartée des devoirs que lui prefcrit fon Inftitut ; elle les a toujours remplis avec autant de zèle que d'exactitude. Perfonne n'ignore de quelle utilité font les inftructions qu'ils donnent dans cette Maifon, dans les Colléges & dans les Séminaires dont on leur a confié la direction ; l'on fait auffi avec quels fuccès ils annoncent la parole de Dieu tous les Dimanches & Fêtes chez eux, & dans les premières Chaires de la Capitale & des Provinces, & qu'ils font tous les jours des Catéchifmes dans leur Eglife, qui eft fous l'invocation de S. Charles.

LE COLLÉGE DES ÉCOSSOIS. Il réunit deux fondations différentes : la première fut faite par David , Evêque de Murrai en Ecoffe , en faveur de quatre pauvres Ecoliers de fa nation, dont un Theologien , & trois Artiens. Je ne fais pourquoi du Breul & fon Continuateur , l'Hiftorien de l'Univerfité , Sauval, &c. n'ont point fait mention de ce Collége : les autres en placent la fondation en 1325 (a) & 1326 (b) ; il exiftoit cependant dès 1323. L'Evêque de Murrai avoit placé quatre Ecoffois au Collége du Cardinal le Moine; il falloit affurer leur fubfiftance pour l'avenir. Adam

---

(a) Piganiol, t. 5 , p. 203.— | —La Barre , tom. 5 , p. 452.—
Le Maire , t. 2 , p. 512. | Crevier , Hift. de l'Univ. t. 2,
(b) Hift. de Paris, t. 1, p. 560. | p. 281.

Herert, Thréforier de l'Eglife de Murrai, & chargé de fa procuration, acheta d'Ancel de Morteri & de Jeanne, fa femme, une maifon fituée à Grifi, près Brie - Comte - Robert, qu'ils poffédoient en franc aleu, appelée *la Fermeté*; 120 arpents de terres labourables, & 12 arpents & demi & 20 verges de prés fis audit Grifi & aux environs. Cet Acte d'acquifition, qui eft du dernier Février 1325, porte qu'elle eft faite *pour le perpétuel vivre defdits pauvres Ecoliers dudit Evêché de Moréve inftitués & à inftituer*, *&c.* Cette acquifition fut amortie par Lettres de Charles le Bel, au mois d'Août 1326, & ce font fans doute ces deux dates que les Hiftoriens que j'ai cités ont prifes pour celle de la fondation. L'Abbé Lebeuf ne me paroît pas avoir été bien informé fur ce qui regarde cet établiffement ; il le nomme *le Collége de Grifi* (c), & je n'ai point trouvé ailleurs qu'on l'ait appelé ainfi. Ce nom ne lui convenoit pas, le Collége n'ayant point été établi dans ce Village, & n'en ayant pas été Seigneur. Il lui donne auffi plus d'antiquité qu'il n'en a, en difant que *deux Prélats Ecoffois* affignèrent la ferme de la Fermeté pour la dotation de quelques Bourfiers Ecoffois, *il y a environ* 500 *ans*, ce qui feroit remonter cette fondation au milieu du XIIIe fiécle. Il en fait honneur à *deux* Prélats Ecoffois, quoique David, Evêque de Murrai, ait été le feul alors. Enfin il cite pour garant de ce qu'il avance, Sauval, qui n'en a point parlé, & qui s'eft contenté de rapporter l'union de ce Collége à la Congrégation dont je parlerai ci - après.

____

(c) Tom. 13, pag. 263.

L'Evêque de Murrai avoit placé , comme je l'ai dit , ses Boursiers au Collége du Cardinal le Moine , qui jouissoit en conséquence de la dotation de ces Ecoliers ; mais , en 1333 , il se démit de cette possession & de tous les droits qu'il pouvoit avoir entre les mains de Jean , Evêque de Murrai , successeur de David. La Transaction , ou plutôt l'Acte de cession en fut passé le 8 Juillet de cette année (*d*). Après cette séparation , les Ecoliers Ecossois furent placés dans la rue des Amandiers. Le schisme d'Angleterre , qui éteignit en Ecosse l'exercice public de la Religion Catholique , & les événements funestes qu'il occasionna, forcèrent plusieurs jeunes Ecossois d'abandonner leur patrie & de chercher un asyle en France : l'étude étoit la seule ressource qui pouvoit leur procurer les secours les plus nécessaires. Jacques de Bethwn , Archevêque de Glascow & Ambassadeur d'Ecosse en France , intéressa Marie Stuart en leur faveur : cette Reine infortunée leur fit des pensions ; sa captivité & ses malheurs ne suspendirent ni ne diminuèrent ses bienfaits, elle perpétua même leur reconnoissance par le legs qu'elle leur fit. Jacques de Bethwn sentit la nécessité de former des Ecclésiastiques capables de fortifier dans la Religion les Ecossois qui ne l'avoient pas abandonnée , de ranimer la foi chancelante au milieu des persécutions , & d'en faire naître l'esprit & l'amour dans le cœur des enfants. Pour remplir ces vues , il légua tous ses biens ; l'Abbé Lebeuf (*e*) dit qu'il fonda , en 1639, une Congrégation de pauvres Ecossois dans une

---

(*d*) Hist. de Paris, t. 5, p. 634. | (*e*) Lebeuf, loc. cit. sup.

maison rue des Amandiers. Cette date est sans doute une faute d'impression, car cet Archevêque mourut, le 25 Avril 1603, dans la Commanderie de S. Jean de Latran, ainsi qu'il est constaté par les Inscriptions qu'on lit sur son tombeau, rapportées par du Breul (*f*). Il nomma les Prieurs des Chartreux pour avoir la direction & intendance de cette fondation, choisir les Boursiers, & se faire rendre les comptes ; ce qui s'observe encore aujourd'hui.

Depuis l'an 1572, époque du décès du dernier Evêque de Murrai, la nomination des quatre Boursiers avoit été dévolue à l'Evêque de Paris ; ces places avoient été souvent données à des Prêtres Ecossois qui avoient fini leurs études. M. de Gondi, Archevêque de Paris, crut qu'il seroit plus utile de réunir le Collége & la Congrégation ; il réduisit les quatre Bourses à deux, & les unit à la Communauté de l'Archevêque de Glascow, par son Décret du 29 Août 1639, confirmé par Lettres-Patentes du mois de Décembre suivant, enregistrées le premier Septembre 1640. M. Piganiol (*g*) dit que le Parlement unit ces deux fondations quelque temps après la mort du Fondateur (en 1603) ; ce qui n'est pas exact, le Parlement n'ayant fait qu'enregistrer les Lettres qui autorisoient une union faite par la Puissance ecclésiastique à laquelle ce droit appartenoit. Robert Barclai, Principal de ce Collége, acheta, en 1662, une place sur les Fossés S. Victor, sur laquelle il fit bâtir la Maison que nous y voyons ; elle fut achevée en 1665, & la Cha-

---

(*f*) Liv. 2, p. 584.　　　(*g*) Piganiol, sup. p. 204.

pelle

pelle en 1672; elle eft fous l'invocation de S. André, Apôtre , Patron de l'Ecoffe.

Cette Maifon n'eft pas feulement fondée pour des Etudiants, elle eft encore deftinée à former des Miffionnaires pour le Royaume d'Ecoffe ; ainfi c'eft en même temps un Collége & un Séminaire. C'eft fous ce double point de vue qu'elle eft confidérée dans les Lettres - Patentes du 15 Décembre 1688, enregiftrées le 12 Juillet 1689. Ce Collége eft rempli par des Ecoffois qui font réputés vrais & naturels fujets du Roi : quoiqu'il ait toujours été fans exercice , il n'a cependant pas été compris dans le nombre de ceux qui ont été réunis au Collége de Louis le Grand , en vertu des Lettres-Patentes du 21 Novembre 1763.

LES RELIGIEUSES ANGLOISES. Ce font des Chanoineffes Régulières réformées de l'Ordre de S. Auguftin , qui vinrent en France en 1633. Elles obtinrent, au mois de Mars de cette année , des Lettres - Patentes enregiftrées le 31 Août 1635 , par lefquelles le Roi leur permettoit de s'établir à Paris ou dans les Fauxbourgs. M. l'Archevêque Jean-François de Gondi donna fon confentement, à de certaines conditions , dont une des principales étoit , qu'on n'y recevroit que des Filles nées de père & mère Anglois. Elles s'établirent d'abord au Fauxbourg S. Antoine, & enfuite fur les Foffés S. Victor. Sœur Marie Trefdurai , leur Abbeffe, obtint de nouvelles Lettres-Patentes au mois de Mars 1655 , qui leur permettoient de recevoir parmi elles des Filles Françoifes & celles des autres Etats alliés de la France : elles furent enregiftrées le 7 Septembre de la même année , à la charge néanmoins que lefdites Abbeffe &

Religieuses ne pourroient avoir en même temps
plus de dix Françoises Professes. Leur Monastère
est sous le titre de *Notre-Dame de Sion*. La Maison qu'elles occupent & qu'elles ont fait bâtir,
avoit appartenu à Jean-Antoine Baïf, Poëte connu
au XVIe siécle ; il y avoit établi une Académie
de Musique, qui donnoit des concerts que Charles IX & Henri III honorèrent plusieurs fois de
leur présence ; il rassembloit aussi dans cette Maison les Beaux-Esprits de son temps, & a donné
par-là l'idée de former ces Sociétés de Savants
qu'on peut regarder comme le berceau de l'Académie Françoise.

Fin du seizième Quartier.

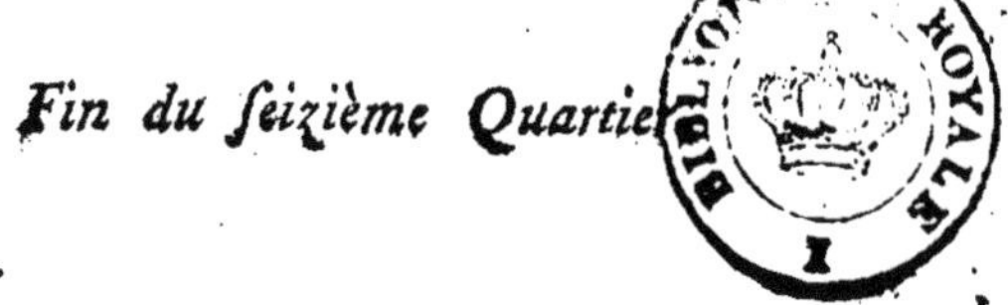

TABLE ALPHABÉTIQUE

Des objets contenus dans ce XVIe Quartier.

Fin de la Table.

APPROBATION DU CENSEUR ROYAL.

J'AI LU, par ordre de Monseigneur le Chancelier, un Manuscrit intitulé : *Recherches critiques, historiques & topographiques sur la Ville de Paris, &c. Quartier de la Place Maubert.* Cet Ouvrage, rempli de recherches curieuses & intéressantes, accompagnées d'une critique, sage, judicieuse & éclairée, m'a paru très-digne de l'impression. A Paris, le 15 Juin 1774.

Signé, BEJOT.

PRIVILÉGE DU ROI.

LOUIS, par la grace de Dieu, Roi de France & de Navarre : A nos amés & féaux Conseillers, les Gens tenans nos Cours de Parlement, Maîtres des Requêtes ordinaires de notre Hôtel, Grand-Conseil, Prevôt de Paris, Baillis, Sénéchaux, leurs Lieutenans Civils & autres nos Justiciers qu'il appartiendra : SALUT. Notre amé le Sieur JAILLOT, notre Géographe ordinaire, Nous a fait exposer qu'il desireroit faire imprimer & donner au Public ses *Recherches critiques, historiques & topographiques sur la Ville de Paris :* s'il Nous plaisoit lui accorder nos Lettres de Privilége pour ce nécessaires. A CES CAUSES, voulant favorablement traiter l'Exposant, Nous lui avons permis & permettons par ces Présentes, de faire imprimer ledit Ouvrage autant de fois que bon lui semblera, & de le vendre, faire vendre & débiter par tout notre Royaume pendant le temps de *six années* consécutives, à compter du jour de la date des Présentes FAISONS défenses à tous Imprimeurs, Libraires & autres personnes, de quelque qualité & condition qu'elles soient, d'en introduire d'impression étrangère dans aucun lieu de notre obéissance ; comme aussi d'imprimer ou faire imprimer, vendre, faire vendre, débiter ni contrefaire ledit Ouvrage, ni d'en faire aucuns Extraits, sous quelque prétexte que ce puisse être, sans la permission expresse & par écrit dudit Exposant ou de ceux qui auront droit de lui, à peine de confiscation des Exemplaires contrefaits, de trois mille livres d'amende contre chacun des contrevenants, dont un tiers à Nous, un tiers à l'Hôtel Dieu de Paris, & l'autre tiers audit Exposant, ou à celui qui aura droit de lui, & de tous dépens, dommages & intérêts. A la charge que ces Présentes seront enregistrées tout au long sur le Registre de la Communauté des Imprimeurs & Libraires de Paris, dans trois mois de la date d'icelles ; que l'impression dudit Ouvrage sera faite dans notre Royaume, & non ailleurs, en bon papier & beaux caractères ; conformément aux Réglemens de la Librairie ; & notamment à celui du 10 Avril 1725, à peine de déchéance du présent Privilége ; qu'avant de les exposer en vente, le Manuscrit qui aura servi de copie à l'impression dudit Ouvrage, sera remis dans le même état où l'Approbation y aura été donnée, ès mains de notre très-cher & féal Chevalier, Chancelier Garde des Sceaux de France, le Sieur DE MAUPEOU ; qu'il en sera ensuite remis deux Exemplaires dans notre Bibliothéque publique, un dans celle de notre Château du Louvre, & un

dans celle dudit Sieur DE MAUPEOU, le tout à peine de nullité des Préfentes.
DU CONTENU defquelles VOUS MANDONS & enjoignons de faire jouir ledit
Expofant & fes ayans caufes, pleinement & paifiblement, fans fouffrir qu'il
leur foit fait aucun trouble ou empêchement. VOULONS que la copie des
Préfentes, qui fera imprimée tout au long au commencement ou à la
fin dudit Ouvrage, foit tenue pour duement fignifiée, & qu'aux copies
collationnées par l'un de nos Amés & Féaux Confeillers-Secrétaires, foi
foit ajoutée comme à l'original ; Commandons au premier notre Huiffier,
ou Sergent, fur ce requis, de faire, pour l'exécution d'icelles, tous Actes
requis & néceffaires, fans demander autre permiffion, & nonobftant
clameur de Haro, Charte Normande, & Lettres à ce contraires ; CAR
tel eft notre plaifir. DONNÉ à Paris, le *douziéme* jour du mois de *Février,*
l'an de grace, *mil fept-cent foixante-douze*, & de notre Régne le cin-
quante-feptiéme. PAR LE ROI EN SON CONSEIL.

Signé, LE BÉGUE.

*Regiftré fur le Regiftre XVIII de la Chambre Royale & Syndicale des
Libraires & Imprimeurs de Paris, N° 1681, Fol. 604, conformément au
Réglement de 1723, qui fait défenfes, Art. 4, à toutes perfonnes de quelque
qualité & condition qu'elles foient, autres que les Libraires & Imprimeurs,
de vendre, débiter faire afficher aucuns Livres, pour les vendre en leurs noms,
foit qu'ils s'en difent les Auteurs ou autrement ; & à la charge de fournir à
la fufdite Chambre, huit Exemplaires de chacun prefcrits par l'Art. 108 du
même Réglement. A Paris, ce 17 Février 1771.*

Signé, J. HÉRISSANT, Syndic.

De l'Imprimerie de LOTTIN l'aîné ; 1774.